地方自治ジャーナルブックレット No.63

大阪市廃止・特別区設置の制度設計案を批判する

いま、なぜ大阪市の消滅なのか Part Ⅱ

大阪の自治を考える研究会　編著

公人の友社

目次

はじめに……5
第一章　本書の経緯と基本視点……9
一　出発は「なぜ、東京都がモデルなのか」という疑問……9
二　三つの基本視点……14
第二章　事務分担案からみた特別区の制度設計……23
一　特別区の制度設計の全体像……23
二　新大阪府に移管される事務は適正か……26
三　乱発される一部事務組合と「中核市並みの特別区」への疑問……29
四　大阪都構想と市政改革課題の整合性の問題……32
五　制度設計案の他の項目との関連について……33
まとめ……38

第三章　大阪市廃止・特別区設置における職員体制……42
一　大阪市廃止・特別区設置によって職員体制はどうなるのか……42
二　特別区配置数案（標準）の算定にかかわる問題……47
三　その他の課題……53

第四章　税源配分・財政調整、財産・債務の承継、
財政シミュレーション（財政予測）……57
一　税源配分・財政調整をめぐる問題……57
二　財産・債務の承継をめぐる問題……64
三　財政シミュレーション（財政予測）をめぐって……70

第五章　大阪版「都区協議会」の問題点……79
一　大阪版「都区協議会」案の考え方……79
二　東京都区協議会との比較……80

第六章　特別区設置に伴うコストと効果……85
一　特別区設置に伴うコスト（試算）の問題点……85
二　府市統合による効果とは……95

おわりに……99

コラム1　児童相談所の分割—児童福祉のメリットが失われる……40
コラム2　「指揮官はひとり」で災害から人命を守れるのか……41
コラム3　一部事務組合が自治を阻む……55
コラム4　市営交通の民営化—三度も継続審議に……56
コラム5　家庭系ごみ収集輸送事業の民営化—先送りが決定……77
コラム6　水道事業の民営化—民営化そのものの是非が問われる……78
コラム7　南海トラフ巨大地震と行政のリスク管理……84
コラム8　大都市「都市内分権」に新たな道が……98

はじめに

「大阪都構想」の実現を掲げ、橋下大阪市長、松井大阪府知事が誕生（二〇一一年一一月）して二年数か月が過ぎました。大阪都構想とは、一言でいって、府県並みの権限と財源をもつ指定都市・大阪市を廃止して大阪府に吸収し、「新たな広域自治体」（「都」）をつくり、その一方で、大阪市を分割し特別区を設置する構想です。

その後、大阪都構想は議員立法による「大都市地域における特別区の設置に関する法律」（以下、大都市地域特別区法）が成立（二〇一二年八月）したことをうけ、政治的スローガンの域をこえて、実現にむけて一歩踏み出すことになりました。

大都市地域特別区法とは、人口二百万人以上の指定都市を含んだ大都市地域で、その意思さえあれば、どの大都市でも市を廃止・分割し、東京二三区と同じような「特別区」を設置できる手続を定めた法律です。つまり法律の趣旨は、大阪市の廃止だけを目的としたものではないということです。したがって、大阪市が廃止され特別区に分割されたとして、この法律を根拠に、即「大阪都」という名称が使えるわけではありません。実際は、新たな広域自治体としての「新大阪府」と、大阪市を分割して複数の「特別区」ができることになります。とはいえ、一定の手続さえ踏めば、大阪市を廃止・分割できる法律であることに変わりはありません。

そこで、私たち「大阪の自治を考える研究会」は、昨年三月、この大都市地域特別区法が成立したことを機に、ブックレット（『いま、なぜ大阪市の消滅なのか』地方自治ジャーナルブックレットNo.61・公人の友社）を編集出版しました。

＊

さてその後、大阪市廃止の動きはどのような展開になったのでしょうか。現在、大阪府・市では、大都市地域特別区法にもとづき知事・市長および両議会の代表による特別区設置協議会（以下、法定協議会と記す）が設けられ（二〇一三年二月）、大阪市を廃止した後の制度設計の議論がはじまっています。具体的には「大阪における大都市制度の設計制度（パッケージ案）」の名で、事務局（大阪府市大都市局）より案が提示され（同年八月、以下、制度設計案と記す）、その案をもとに議論が展開されています。手続的には、この法定協議会での議論をふまえ、まず「特別区設置協定書」が作成・議決され、その協定書をもとに大阪府議会・大阪市議会で議決を経た後、最終的に大阪市民による「住民投票」で、大阪市廃止・分割の是非が「決定」されることになります。

第一章で詳しく述べることになりますが、当初、事務局からしめされたスケジュール案では、二〇一三年秋までに事務分担、税源配分・財政調整、財産・負債の承継などの方向性を決め、二〇一四年四月ごろから四案あった区割りを一案に絞り込んだうえで、六月までに協定書をとりまとめる予定になっていました。しかし実際はスケジュールが大きくずれ込み、二〇一四年一月になっても事務分担や財政調整などの方向性の確認までたどりつくことができませんでした。

スケジュールが遅れた理由は、法定協議会での議論がすすむにつれ、制度設計案への疑問や矛盾がみえてきたにもかかわらず、知事・市長および事務局はその改善策を十分説得性のある論理で説明しきれなかったことにあります。大阪市廃止後の制度設計は、討議を重ねるごとに、問題の多い不完全な案であることが浮き彫りになってきました。

こうした不完全な制度設計案をもとに、大阪都構想ありきで手続だけが先へ先へとすすめられ、大阪市の廃止・分割と特別区の設置が決まってしまうのであれば、その影響は計り知れないものがあります。そこで私たちは、そうした事態をなんとか避けたいという強い思いから、急きょ、制度設計案の問題点を検討・整理し、昨年のブックレットにつづき、「続編」を出版する準備をすることにしました。

＊

ところが本年一月末にいたり、事態は急転直下、思わぬ方向に転がりはじめました。周知のように橋下市長が唐突にも市長職を辞し、出直し選挙に立候補すると宣言したのです。理由は、法定協議会で四つの区割り案を一案に絞りこむことを求めたことに対して、自民、公明、民主、共産の各委員が「議論が深まっておらず、一案への絞り込みは時期尚早」と反対したため、協議が暗礁にのりあげ、その打開をはかるため、ということでした。新聞各紙は、さすがにその乱暴な行動にあきれ、批判的な論調で橋下市長の言動を報じていますが、当然でしょう。

橋下市長が唐突にこのような行動に打って出た背後には、新聞も一様に報じているように、来年四月の統一地方選挙の前までに大阪市廃止・分割（区割り）を終わっておきたいという思惑があったことは確かでしょう。ここではこれ以上詮索しませんが、背後にある事情に関しては、後ほど触れることにします。

さて、そのことはさておき、三月の出直し選挙後、大阪市の廃止・分割の議論がどのようなシナリオで展開するのか、現時点でまったく見通すことはできません。しかし、出直し選挙の結末如何にかかわらず、大阪市廃止後の制度設計は、ふたたび法定協議会に立ち戻り、そこから再出発する外ないことだけは確かです。そうであるならなおさら、昨年来の法定協議会での議論をふまえ、制度設計案がいかなる問題をはらんでいるか、冷静に論点を整理しておくことは、ますます重要になってきます。

そこで、私たち研究会は、出直し選挙をめぐる撹乱に惑わされることなく、従来の方針どおり、本書出版の作業をすすめることにしました。なお、出版にあたっては、法定協議会資料「大阪における大都市制度の制度設計（パッケージ案）」をテキストとして使っています。また、同案の追加資料および財政シミュレーション（二〇一三年一二月）、さらに法定協議会で行われた質疑を中心に、ポイントになる論点を随時引用していることを、あらかじめお断りしておきます。上記資料、質疑は大阪府のホームページで見ることができます。

第一章　本書の経緯と基本視点

本書は、法定協議会に提示された大阪市廃止・分割の制度設計案を批判的に検証することを目的にしています。その作業に先立ち、一つに、昨年出版したブックレット『いま、なぜ大阪市の消滅なのか』と本書との関連について、二つに、本書の基本視点について、あらかじめ述べておくことから出発することにします。

一　出発は「なぜ、東京都がモデルなのか」という疑問

大阪都構想は、大阪府と大阪市という二層制の地方自治制度を撤廃し、「新たな大都市制度をめざす」構想です。もちろん、現在の大都市・大阪市が多くの課題を抱えていることは否定しません。しかし、だからといって東京都区制度をモデルに大阪市を廃止し、二一世紀にふさわしい新たな大都市制度をつくるという発想は、提案された当初から大いに疑問をもたざるを得ません

でした。なぜなら、東京都が誕生した歴史的経緯をふくめ、東京「都区制度」がいかに問題の多い制度であるか、研究者の指摘だけでなく、東京都および東京二三区の当事者からも聞こえていたからです。「東京都区制度」がいかなる歴史の中で誕生したかについての経緯、制度としての問題点、今日的課題については、昨年のブックレットの「巻末資料・都区制度問題の考え方」に的確に整理されていますのでお読みください。

いずれにしろ、戦時中のどさくさの中で誕生した東京二三区（旧東京市）の歴史は、東京都の内部団体に落としめられた「特別区」を、一般市並みの基礎的自治体に移行させるための歴史であったことは明瞭です。その動きは現在も続いており、その観点からみても「特別区」は、けっして新たな可能性をもつ大都市制度ではなく、克服すべき歴史的残滓なのです。にもかかわらず、何ゆえに時代の趨勢に逆行して、基礎自治体たる指定都市・大阪市を廃止・分割して、新大阪府の内部団体ともいえる「特別区」をつくらなければならないのか、疑問は増すばかりでした。

現在、大阪市にかぎらず日本の大都市で深く進行している二つの老い――高齢人口の絶対数の急増にくわえ、老朽化する都市インフラの維持更新に対応したハード・ソフトの政策の見直しは緊急を要し、また、いずれも中長期の戦略計画と膨大な経費を必要とします。ここに、南海トラフ巨大地震への対策も重なってきます。こうした時代にあって、広域・基礎というレベルの異なる二層の自治体を統合するという大仕掛けの制度変更を最優先にしなければならない理由は、一体どこからでてくるのでしょうか。

さらにいえば現在、大阪府・大阪市はあわせて約一一兆円もの巨額の負債をかかえています。

その詳細についてては昨年のブックレット（三五〜三七頁）、また本書第四章を参照してもらうとして、とくに大阪府は、早急に財政健全化の対策が必要な「早期健全化団体」化が危ぶまれる状態にあります。大阪都構想とは、率直にいって、緊急に迫られている課題、さらに財政危機の厳しい現実から目を逸らし、あわよくば〝借金散らし〟の方策をねらったトリックではないか、との疑いも否定できませんでした。

こうしたさまざまな疑問を解き明かすため、東京「都区制度」の根幹をなす事務分担、税源配分・財政調整の仕組み、さらに地方自治法上の位置づけなどを参照しながら、大阪都構想の制度上の矛盾、問題点を明らかにする作業にとりかかりました。事実その検討から、東京都区制度は大阪府の巨額借金散らしに〝使える〟側面があることが見えてきました。ただしそれは、都区一体性の美名のもと、東京二三区を実質、東京都の内部団体化することが前提条件になります。その問題をふくめ、東京都区制度を参照しつつ、大阪都構想の問題点をまとめたのが、昨年のブックレットでした。

橋下市長は、事あるごとに大阪都構想における特別区は、中核市並みの権限をもつ基礎自治体であると強弁しています（注1）。確かに東京二三区は、二〇〇〇年の分権改革を機に、法的には一般市並みの扱い（地方自治法上では「基礎的な地方公共団体」）を受けるようになりました。しかし、運用実態においては相変わらず東京都の内部団体として、一般市以下の不完全自治体に押しとどめられていることに変わりはありません。東京二三区はこんにちなお、東京都に対し、一般市並みの基礎自治体になることを目標に、提言・要求運動を続けていることが何よりの証拠です（注2）。大阪都構想でいう特別区は、東京都区制度の限界をこえて、中核市はいざ知らず、一般市並みの権限をもった基礎的自治体として、地域総合性と独自性の条件を担保できるのか、注視が必要です。

さて、大都市地域特別区法は、関係自治体で特別区設置協議会を設置し、八つの項目を内容とする「特別区設置協定書」の作成を義務づけています。

八つの項目とは、特別区の設置日、特別区の名称・区域、特別区の設置に伴う財産処分、特別区の議会の議員定数、特別区と道府県の事務分担、特別区と道府県の税源配分・財政調整、職員の移管、その他の必要な事項です。そのうち、事務分担、税源配分・財政調整は、他の自治体への

図表1　大阪府・大阪市特別区設置協議会委員名簿

（2014年1月末現在）

会　長	浅田　均	維新
副会長	木下　吉信	自民

委員区分	大阪府		大阪市	
長	知事		市長	
議員（名簿順）	横倉　廉幸	維新	坂井　良和	維新
	今井　豊	維新	吉村　洋文	維新
	大橋　一功	維新	美延　映夫	維新
	岩木　均	維新	明石　直樹	公明
	清水　義人	公明	辻　義隆	公明
	林　啓二	公明	柳本　顕	自民
	花谷　充愉	自民	長尾　秀樹	みらい
	中村　哲之助	民主	山中　智子	共産

影響を避けるため、総務省との事前協議が求められます。

大阪府・市では、この規定をうけ、松井知事、橋下市長ならびに府議会議員・市議会議員を構成メンバーとする特別区設置協議会（以下、「法定協議会」と表す）を、二〇一三年二月に設置しました。構成メンバーについては**図表1**を参照してください。

法定協議会は、二〇一四年一月末までに一三回開かれ、第六回（二〇一三年八月九日）において、大阪市を廃止した後の新たな制度設計案（「大阪における大都市制度の制度設計」（パッケージ案））が提出されました。制度設計案の内容は、事務分担、職員体制、財産・債務の承継、財政調整、特別区設置のコストや府市再編の効果の試算等です。同案の提出により、「大阪の統治機構を変える」とのスローガンではじまった大阪都構想はようやくその骨格らしきものが見えてきました。

（注1）中核市とは一九九四年に地方分権を求める声の高まりを受けて制度創設された人口三〇万人以上の都市部自治体で、ミニ指定都市とも言われています。日本の大都市制度は、現行都道府県事務権限を前提に、その一部を都市部自治体に移譲する制度になっていて、一般市に対して指定都市・中核市・特例市の三段階に格付け・差別化され、それぞれにどの権限を移譲するか地方自治法に定めています。しかし、制度設計時に事務空洞化を恐れる都道府県の反対を受けたために、中核市の実質的メリットは保健所設置権限だけと言われています。また、二〇一一年の第二次地方分権一括法によって一般市への権限移譲が進んだことで、第三〇次地方制度調査会答申では特例市を人口二〇万人以上・保健所設置を条件に中核市に指定する制度改正を求めています。

（注2）特別区が設置した特別区制度調査会は『都の区』の制度廃止と『基礎自治体連合』の構想」（二〇〇七

年）を発表し、東京二三区の区域に「大都市行政の一体性」を求める考え方を根幹から批判し、住民にもっとも身近な政府としての特別区は東京〇〇市として東京都から独立し、基礎自治体同士で対等・協力の関係を結ぶ基礎自治体連合を構築するよう求めています。このような特別区独立の構想は特別区の自治権拡充運動の過程で幾度も現れており、例えば二〇〇〇年改革の引き金となった特別区政調査会の『「特例市」の構想』（一九八一年）もその代表的なものです。東京都職員だった栗原利美は『東京都区制度の歴史と課題』（公人の友社、二〇一二年、九六〜九七頁）のなかで次のように評価しています。「繰り返し述べてきたように、都区制度は、戦時中における都制の成立以来、わが国の地方自治の歴史上、失敗の一つの象徴である。したがって、都区制度の根本的な変革なしに東京の自治・共和の確立は不可能である」。「従来の『都区一体性』や『大都市一体性』といった都区制度における観念ではもはや現実に対応できない。…こうした観念は間違いであったと認識し、多元的な自治のあり方を検討すべき時期にきている」。

二　三つの基本視点

地域総合性・独自性をもった「特別区」は可能なのか

大阪市廃止・分割の制度設計案を批判的に検証するとき、三つの視点がポイントになってきます。第一の視点は、特別区は基礎的自治体として、地域総合性と独自性をもった自治体機構として制度設計されているか否かということです。第二章〜第四章が、まさにその条件を満たしているかどうかの検証になります。制度設計の根幹は、「事務分担」「税源配分・財政調整」になりますが、法律上（地方自治法）からいって、モデルは東京都区制度です。

制度設計案では、大阪市の事務事業をいったん解体し、広域課題は新大阪府が一元管理、住民に身近な狭域課題は特別区と機械的にタテ型に分割しています。本来であれば、個別の事務事業ごとにどちらにふさわしい事務事業か、精査したうえで分担を考えるべきでしょうが、機械的な分割に終わっています。こうした発想で高密度に集積した大都市から発生する複雑多様な都市問題にうまく対応できるか、はなはだ疑問です。

阪神淡路大震災を思い起こせばすぐに理解できますが、巨大過密都市で広域的に張りめぐらされた電気・ガス、道路・鉄道網、上下水道等々のライフラインは平常時は効率的で便利ですが、いったん災害・事故に見舞われれば、一部破損で全面マヒするモロい構造が露呈します。そのモロさを抑止するには、地域総合性をふまえ、現地に即して独自に意思決定のできる仕組みをもち、部分的に修復できる柔らかな組織体制をつくっておく必要があります。これは平常時から考えておくべき大都市の危機管理の鉄則ですが、事務事業の精査は、こうした観点からも重要になってきます。

くわえて都市の空間システムをふくめて、都市全体の維持・コントロールは行政だけでできるものではありませんので、広域であれ狭域であれ、上から目線で事務事業を単純な二分法で仕切っただけでは、危機管理だけでなく、都市の活力や魅力も生まれてきません。都市の活力・魅力は住民の自治力を基盤としてはじめて築かれるものです。つまり、権限の序列に従って事務配分をする考え方だけで、地域総合性と独自性をもった特別区がつくれるわけではなく、住民の自治力を強める政治・行政システムがそなわってこそ可能になってきます。こうした課題が納得にいくかたちでクリアされないかぎり、特別区が地域総合性・独自性をもった基礎的自治体である根拠も怪しくなり、大阪都構想は実質、住民の自治という基礎から切り離された砂上の楼閣の域をでないことになります。

区割り案の難しさ

第二の視点は、区割り案の問題です。「区割り」を検討する際、当然のことですが、「特別区」と指定都市の内部組織である「行政区」はまったくちがう制度だということが前提になります。区割りは、大阪市を分割して、公選の首長・議会をもつ独立した基礎自治体をつくる「分市」を意味します。したがって、現在の行政区の「合区」「分区」とはまったく性格の異なる難しい作業です。指定都市・大阪市の場合、行政区が二四区あり、大阪市の一部権限を行政区に移管し、住民に身近なところで意思決定をおこなう、いわゆる「都市内分権」の取り組みが遅れていると指摘されてきました。橋下市長もそのことを事あるごとに強調し、大阪市廃止・分割の理由の一つにしてきました。二六〇万人の人口を擁する大阪市を一人の市長とその部下の職員で統治するのか、という理屈です。

二四の行政区は、住民の日常生活の場であるコミュニティや住民組織を束ねる単位として定着していますので、複数の行政区を合体すれば、住民に近い場で行政サービスを供給するという意味では、そのメリットは弱まることになります。さらに大阪市は、大都市とはいえ一つの基礎自治体ですから、行政区単位の財政的格差や地域ごとの行政ニーズに違いがあっても、大阪市全体でバランスをとる調整が可能です。これらの論点から、何をもって行政区画の適正規模と考え、また、いかなる仕組みをつくれば、地域総合性・独自性をもった自治体機構ができるのか、区割りの難しさが垣間見えてきます。しかし、いずれにしろ大阪市が廃止になれば、その全体調整は自治・分権の原則からいって、地域総合行政の主体である基礎的自治体＝特別区が担うべきということになります。

その調整能力が十分に特別区に備わっていなければ、大阪市民は一人の市長よりもっと遠い首長つまり大阪府域全体を管轄範囲とする一人の知事に、日常生活に欠かせない課題をふくめ、すべて委ねざるを得なくなります。まさに「大阪の司令塔は一人」の実現ですが、それによって何が失われるのか、冷静に見極める必要があります。区割りは、人口規模等で機械的に割り振れば一件落着という訳にはいきません。

区割り案は当初、公募区長らの代表による「行政区のブロック化検討チーム」で検討され、五区案と七区案（人口規模を三〇万人か四五万人にするか）と、それぞれ北区・中央区分離案と合体案の四案にまとめられましたが（二〇一二年一一月）、成案を得るにはいたりませんでした。今回の制度設計案においても、当時の四案併記がそのまま引き継がれ、法定協議会に提示されました。その結末は、先述のように一案に絞ることに合意を得られず、仕切り直しになり、現在にいたっています。

その原因の一端は、法定協議会の協議スケジュールからも見ることができます。協議日程では、まず事務分担、税源配分・財政調整などの方向を確認したうえで、議員定数や区割りの絞り込みなどはその後となっています。しかも区割りの基準は、人口規模と、税収の高い中央区、北区を分離させるか否か、を軸に、人口推計、交通網、都市装置の集積等を基礎データだけを基準にして、組み立てられています。これらのデータだけでは、これまで蓄積されてきた各地域の特性や住民の有形無形の自治力などは、考慮の外においた案にならざるを得ません。人口四五万人を想定した五区案であれば、なおさらです。

特別区の事務分担、税源配分・財政調整は、区割りとセットで議論されることでリアリティをもってきますが、それを切り離すことで、議論は抽象的にならざるを得ません。しかし、法定協議会のスケジュールを見れば、明らかに双方を分離して議論をすすめようという意図が読みとれます。そのツケが、区割りを一案に絞り込もうとした際、「議論が不十分」との異議となって出てきました。制度設計案に異をとなえる委員は、橋下市長の言う「誠実に議論に乗らない」のではなく、橋下市長・維新の会の思惑の先行が、絞り込みの失敗の主要因です。

大阪都構想を打ち上げた当初から一貫して、「だれもが生涯にわたって生き生きと暮らすことのできる『特別区』」と、美辞麗句を並べてきましたが、実態は、大阪市民の暮らしの現場から政治・行政の仕組みを構想するという発想は乏しく、上から目線で制度変更を断行しようとしていることは明白です。

巨大な権限をもつ新大阪府が出現

第三の視点は、新たに築かれる広域自治体つまり新大阪府は、大阪市を廃止するような大きな改革を断行しなければ実現できないものなのかどうか、という論点です。この問題を考えるうえで、堺市長選挙の結果は大きな意味をもってきます。

この制度設計案が提出されたのは昨年九月の堺市長選挙の前でした。もちろんこの案は、法定協議会に堺市が参加しなかったため、大阪市の廃止だけに限定した内容になっていますが、堺市長選の結果しだいでは、大阪市の廃止にとどまらない案に大きく「発展」する可能性をもっていました。しかし結果は、周知のように大阪都構想に反対する竹山修身市長が再選されたことで、その可能性は消え、制度設計案は修正の必要がなくなりました。大阪都構想は、大阪市の廃止・分割のみに限定されることがはっきりしたということです。

さて、この現実をうけ、府県並みの権限をもつ指定都市・堺市と大阪市廃止後の特別区の姿を見比べてみましょう。いっぽうで中核市並みの権限をもつ特別区といいつつ、実質は一般市以下の権限しかない特別区が誕生する可能性があるわけですから、堺市とのちがいは明瞭です。堺市を鏡に見立て、そこに映し出された大阪市廃止後の姿をみれば、中核市どころか一般市以下の権限しかもちあわせていない特別区の貧相な姿と、その姿に反比例して、巨大な権限をもった新大阪府の姿が浮かび上がってきます。「巨大な」とは、これまで通りの府県機能をもった広域自治体にプラスして、大阪市にかわる基礎自治体の機能を併せもった妖怪のような新大阪府の像です。その分、特別区は一般市が本来もっている権限すら与えられない、貧相な像になります。この対照的な姿は、隣接する指定都市・堺市と比較すれば鮮明です。

なお最近、新聞は一斉に、昨年の地方制度調査会の答申をうけ、道府県から指定都市への権限移譲とともに、現行の行政区を総合区に格上げし、都市内分権の強化をめざした地方自治法改正のうごきを伝えています（二〇一四年一月一九日付）。くわしくは［**コラム8**］（九八頁）に掲げておきましたが、この改革案が成立すれば、大阪市の廃止という大げさな改革をしなくとも、自治・分権の課題にこたえる大都市改革の新しい道が開けることになります。

翻って、大阪市においては、なぜ巨大な新大阪府と貧相な特別区という対照的な姿ができてしまうのでしょうか。その一端は、制度設計案の冒頭に書きこまれている文章からうかがうことができます。文章では、制度設計の「基本的考え方」として、「府市の事務事業・機能を最適化する観点で、『新たな広域自治体』と『特別区』に仕分け」ることを明記したうえで、踵を返すように「大阪全体の成長、都市の発展、安心・安全に関わる事務については、一般市権限であっても新たな広域自治体が担う」と、さりげなく書き込まれています。

私たちは、この言葉から何のために大阪市を廃止するのか、その真意を正確に読み取る必要があります。事務配分、税源配分・財政調整、財産・債務の承継など、制度設計案はあくまで特別区に集中し、新大阪府（新たな広域自治体）に関する記述はほとんどありません。そのため、現実に財政破綻が心配されている大阪府に関する財政シミュレーションも明確に示されていません。しかし、事務配分、税源配分・財政調整、財産・債務の承継であれ、特別区の権限の中身を読み込んでいけば、広域行政の一元化の名のもとに、まず新大阪府の権限を決め、その残余を特別区に配分する、という意味が言外に込められていることがわかります。つまりこの制度設計案は、表からみれば、確かに「特別区」に関する制度設計案ですが、裏からみれば、巨大な権限をもった「新大阪府」実現を最優先にした案である、ということが透視できます。これが、三つめの視点ということになりますが、果たしてこうした「読み」が正当なのかどうか。現時点では一つの仮説にすぎませんので、その検証をおこなうことに本書の意義を込めたいと思います。

当初の法定協議会の予定では、繰り返しになりますが、二〇一三年一一月頃までに事務分担、職員体制、税源配分・財政調整、財産・債務の承継などを決め、それ以降は区役所の名称・位置、議員定数、区割案の絞り込みなどの審議が想定されていました。しかし、実際の進捗はおくれ、また区割り案の絞り込みにも失敗し、出直し市長選後の持ち越しとなりました。

ここで、「特別区」実現までの想定されるスケジュールと越えなければならないハードルを掲載しておきます（**図表2**参照）。現時点では、新大阪府と特別区のスタートが二〇一五年四月で変更なしですので、そこから逆算しますと、法定協議会での「特別区設置協定書」の作成・議決↓府市両議会での承認↓大阪市民による住民投票まで、手続きに要する時間は残り半年余りしかありません。ここに新たに、出直し選挙がはいってきますので、日程はさらに過密になってきました。

大都市地域特別区法による「住民投票」は、大阪市の廃止を前提に、A案、B案といった複数案から一つの案を選択するために実施するものではありません。「協定書」前記八項目を一つの案に絞り込み、府市両議会で審議・議決したうえで、最終的に大阪市民の「住民投票」で大阪市

図表２　「特別区」実現までのハードル

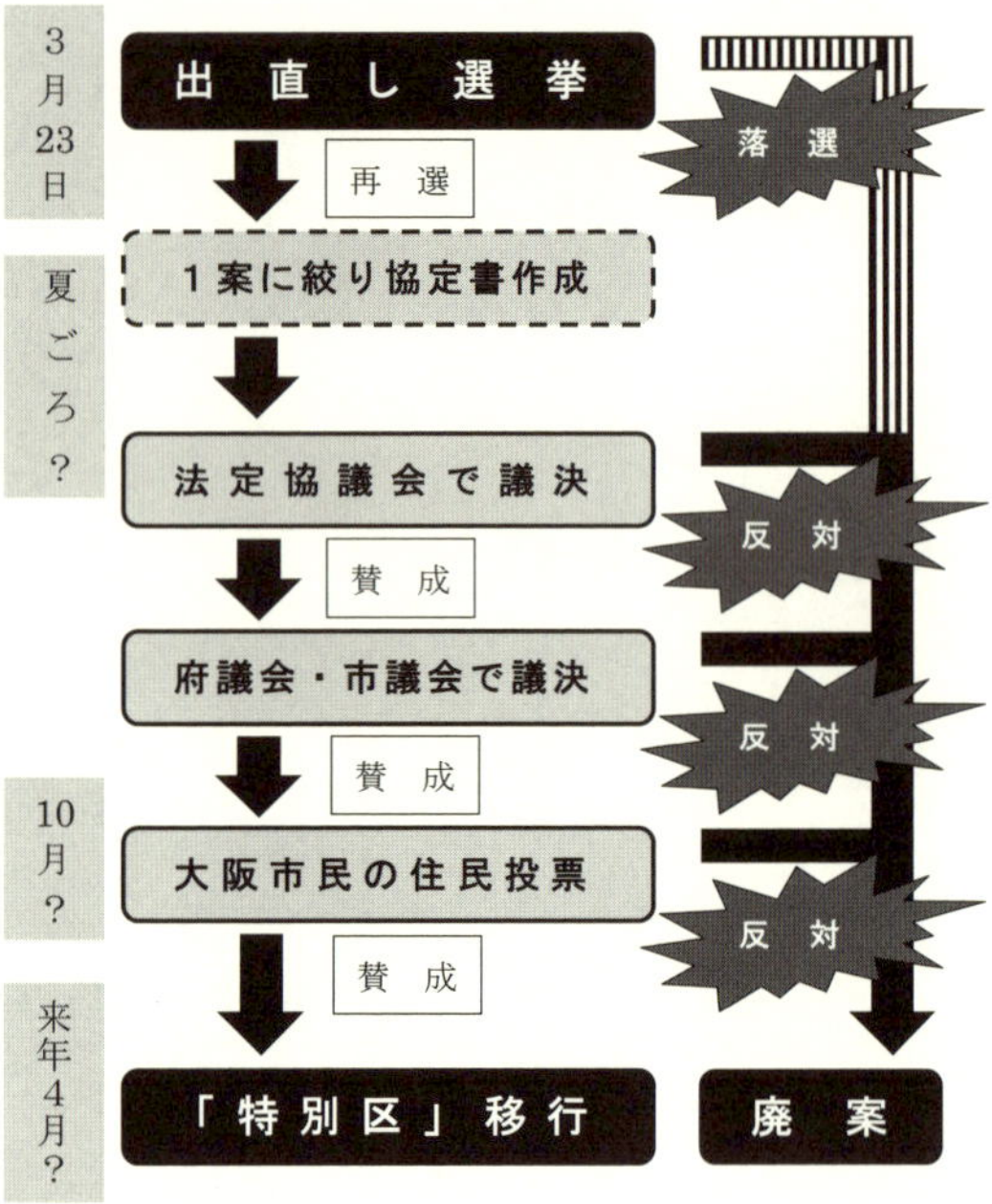

出典）朝日新聞 2014 年 2 月 4 日より作成。

の廃止と特別区設置の是否を問うものです。その過密スケジュールから、制度設計案から浮上してくる疑問、問題点を修正して最終案にもっていくには時間が足りないことは明らかです。

なぜ、橋下市長は出直し選挙までして、強引に大阪市廃止を急ぐのでしょうか。その理由は、来年四月の統一地方選挙で、大阪府議会・市議会議員選挙があり、この両選挙で維新の会は苦戦が予想されているからです。そうなれば大阪市廃止・分割の実現は難しくなることは、新聞報道等が指摘するとおりです。そこで何としても、統一地方選挙前までに決着したいということになりますが、多くの問題点や矛盾を積み残したまま、政治的勢いだけで大阪市の廃止・分割を決めてしまうとすれば、将来にわたる禍根は大阪市民だけでなく、日本の地方自治の歴史にとっても大きすぎます。

第二章　事務分担案からみた特別区の制度設計

一　特別区の制度設計の全体像

第二章では、制度設計案の「事務分担」について検討を行います。指定都市として大阪市が担っていた事務を制度設計案にそって整理すると、**図表3**のようになります。大阪都構想が実現すれば大阪市は廃止されますから、ここでの事務分担は、大阪市廃止後の事務の仕分け案ということになります。

この仕分け案にそって、新大阪府（新たな広域自治体）に移管される事務は適正かどうか。巨大で多機能な一部事務組合の乱発問題、大阪都構想と市政改革課題の整合性の問題について順次検討していきますが、その前に、事務分担の全体像から問題点の指摘を行っておきます。

図を見れば明らかなように、何よりもまず基礎自治体であるべき「特別区」の地域総合性と独自性がとても曖昧です。

図表３　大阪市消滅後の事務仕分け案

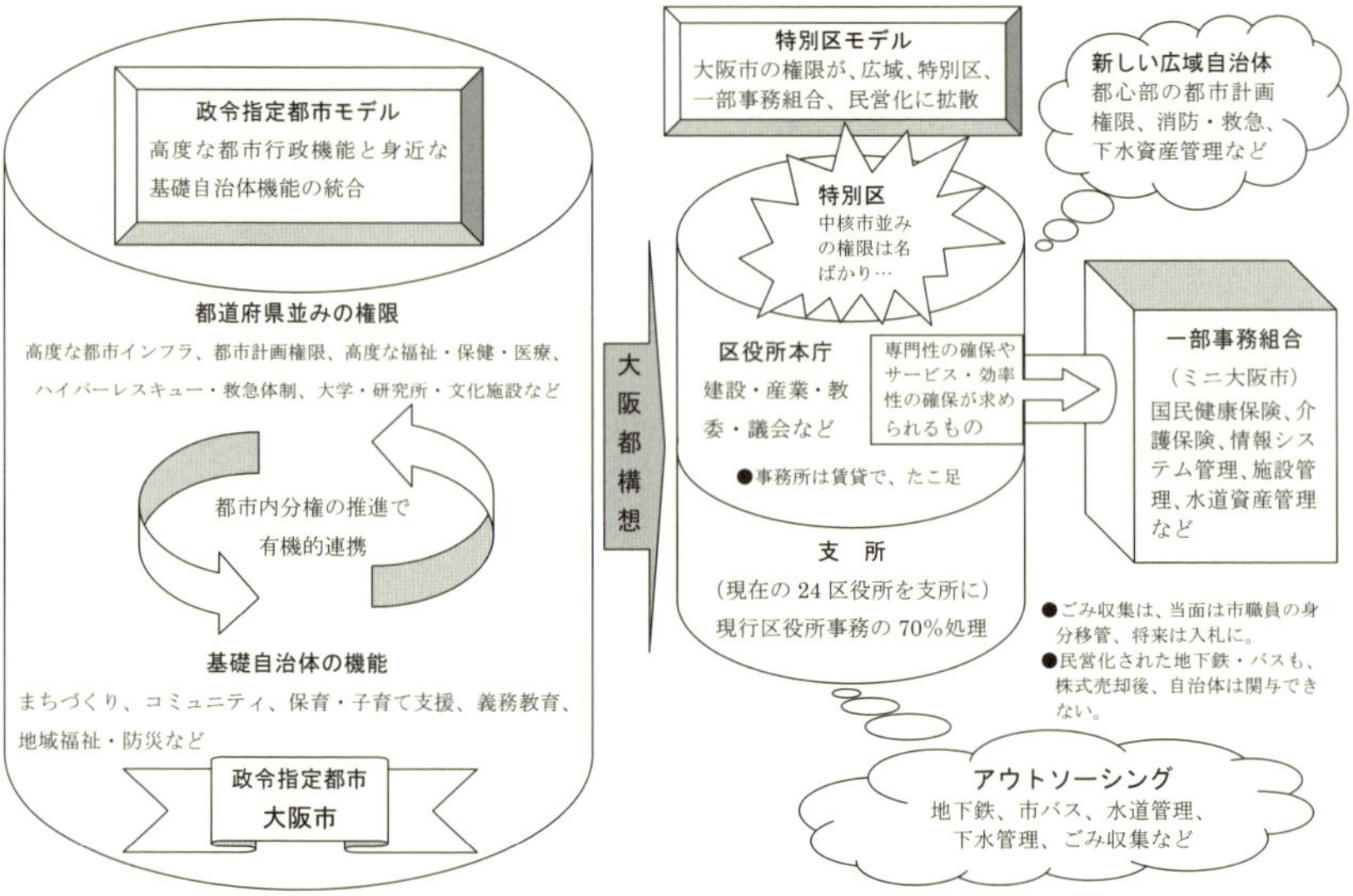

一つに、大阪市が担ってきた事務のうち、新大阪府に吸収させることができず、さりとて特別区においても継承しきれない事務が「一部事務組合」(注3)としてあふれ出し、大阪市解体後も、あたかもミニ大阪市が存続するような形になっています。後ほどあらためて論じますが、一部事務組合の仕事が増えれば、それだけ住民との距離は遠くなり、コントロールも利かなくなります。

二つに、住民に根づいていた二四区役所は、中核市や一般市における支所以上の機能をもって存続が予定されています。企画部門や総務部門などは特別区の区役所（区役所本庁）に集約し、窓口業務は旧区役所（支所）で実施し、住民の利便性を確保するというのが、その理由のようですが、いかにも基礎自治体の実務にうといお役人が考えそうな案です。大都市における地域事情の変化は速く、したがって保健・福祉行政、コミュニティ行政やまちづくりであれ、つねに現場部門と管理部門の連携が密であってこそ、制度設計案でいう「住民に身近な行政サービスを総合的に提供」する施策や組織体制を機動力をもって組み立てることができます。旧区役所の活用は大事ですが、制度設計案でいう区役所本庁・支所の分離案で、地域総合性をもって施策、サービスを実行できると考えるのは、少々粗雑すぎます。

三点目は、市民の日常生活に欠かすことのできない交通手段や、上水道・下水道管理、ごみ収集などは民営化（アウトソーシング）され、市民生活を守るべき基礎自治体としての特別区の責任範囲から外されています。このことも後で触れることになりますが、一部事務組合の乱発とは少し違った意味で、特別区の地域総合性、独自性を損なう要素をはらんでいることを指摘しておく必要があります。

こうした問題をかかえた事務分担案が出てくる原因は、大阪市という指定都市の機能や役割を完全には把握できていないままに大阪都構想を打ち上げたことにありそうです。区割り案の発想がそうであったように、大阪都構想は、住民に最も身近な自治体（地方政府）であるはずの特別区の具体的な姿をきっちりと描き切れていません。

（注3）一部事務組合とは、都道府県・市町村および特別区がその事務の一部を共同処理するために設けられる組合で、地方自治法二八四条二項に定められている特別地方公共団体です。対象となる事務は多岐にわたり、消防・ごみ処理・火葬場・学校・公営競技・港湾などの事務が実際に一部事務組合で

処理されています。なお、いったん一部事務組合が成立すると、その事務は関係地方公共団体の機能から除外されます。一部事務組合の理事は関係地方公共団体の首長・職員が就任し、組合議会は関係地方公共団体の議員で構成されますが、住民にとって責任の所在がわかりにくいなど、問題点も指摘されています。

二　新大阪府に移管される事務は適正か

大阪市の事務から新大阪府（新たな広域自治体）に移管される事務は、あいりん対策、精神保健福祉センター、高等学校、特別支援学校、大学、成長分野の企業支援等、中央卸売市場、広域的な交通基盤の整備、成長戦略・グランドデザイン、港湾、雇用対策、都市計画（都市再生特別地区等）（注4）、道路（広域交通網）、公園（広域防災拠点等）、一般市権限に属する下水道、消防などの二五三事務となっています。大阪市の固有税源から調整財源として移される固定資産税や法人市民税の賦課徴収事務も新大阪府に移ります。

いっぽうで都道府県や指定都市権限に属する事務のうち、住民に身近な事務という名目で、一七五事務が特別区に移されます。代表的なものとしては児童相談所・児童福祉施設、身体障がい者更生相談所・知的障がい者更生相談所、精神障がい者保健福祉手帳の交付等、小中学校教職員人事権・研修、児童福祉施設併設校、旅券交付などです。大阪市域内の府営住宅の管理も特別区に移管されます。

この事務分担案から、一見して明らかなように、大阪市内中心部の都市計画権限や経済成長戦略に関する指定都市権限を新大阪府に吸い上げる一方で、市民生活に密着した行政サービスである福祉や教育、住宅などは特別区に分担させ、さらに府からの移譲も行うという姿勢が鮮明です。府営住宅の管理がその典型ですが、こんにち公営住宅の管理がいかに難しい問題をかかえているか、事務の実態を知った人であればすぐに理解できます。「この際、面倒な仕事を特別区へ」といった大阪府の本音が見え隠れします。

ともあれ、この事務分担の考え方は、表面的には大阪都構想が掲げる「世界的な都市間競争に打ち勝つ『強い大阪』」と「だれでも生涯にわたって生き生きと暮らせる『やさしい大阪』」のスローガンを忠実になぞった案にみえます。しかし、この分担案は、大きく二つの点で問題をもち、結果的に大都市・大阪の活力や魅力を弱める恐れがでてきそうです。

第一点は特別区の地域総合行政機能が損なわれることに対する懸念です。地方自治法は、第一条に「地方公共団体は、住民の福祉の増進を図ることを基本として、地域における行政を自主的かつ総合的に実施する役割を広く担うものとする」と規定しています。広域自治体は成長戦略を、基礎自治体は福祉や教育をといった役割分担が規定されているわけではありません。あるのは補完性原理に基づき、まずは基礎自治体が一定の地域を単位に、地域総合性の視点から施策や公共サービスを担い、個別の基礎自治体では担いきれない、また基礎自治体間の相互調整を広域自治体（府県）ついで国が担うという機能分担の考え方です。制度設計案のように、政策分野ごとに基礎自治体が担うか、広域自治体が担うかを機械的に割り振る発想は、生活の現場目線ではなく、高みから見下ろした役割分担論にすぎません。資料だけみれば一見効率的に見えますが、住民の自治力を基盤とする基礎自治体の総合行政機能を尊重した制度設計ではありません。こうした発想で新大阪府の行政が運営されるのであれば、その影響は大阪府内の市町村にも及んできます。大阪都構想は、大阪市だけの問題ではないことを肝に銘じておくべきです。

第二点は指定都市が培ってきた行政能力を殺すことにならないかということです。専門的で高度なサービスの提供と市民に密着したサービスの提供は、ともすれば対立的にとらえられがちですが、両者を効率的・効果的に提供できるところにこそ指定都市のメリットがあったわけです。ここにも行政の実務にうとい机上プランが露呈しています。広域・狭域の有機的な相互連携を無視し分離することの問題点に関して、コラムに児童相談所［**コラム1**］（四〇頁）と消防行政［**コラム2**］（四一頁）の事例をあげておきました。

いずれにしても、この事務分担を見るかぎり、都市計画権限や経済成長戦略に関する指定都市権限を大阪府に吸い上げて一元的に開発行政や経済政策を行いたいという思いだけしか伝わってきません。都市基盤重視の成長戦略で二一世紀の大阪経済の振興ができるのか、時代に逆行している印象がありますし、そもそも開発権限の一元化を図るために大阪市を廃止し、巨大な権限をもつ新大阪府をつくるというのは、いかにも大仰で、まさに角を矯めて牛を殺す結果になりかねません。従来の府県機能にくわえ、大阪市という基礎自治体機能を一部もつ新大阪府は、大阪市がもっていた大都市としての風格と中枢機能を弱め、他方で貧弱な特別区から発生する多様な都市問題に悩まされる事態が生じてきそうです。となれば集中と選択ではなく都市問題の拡散と深化です。

（注４）都市計画における「都市再生特別地区」とは、既存の用途地域指定、容積率等の規制を適用除外とした上で、一定の区域を自由度の高い計画に指定できる制度（都市再生特別措置法、二〇〇二年制定）で、大阪市内でいえば、大阪駅・中之島・御堂筋周辺地域、難波・湊町地域、阿倍野地域、大阪コスモスクエア駅周辺地域がそうです。

三　乱発される一部事務組合と「中核市並みの特別区」への疑問

制度設計案の事務分担の項目で目を引くのが、一部事務組合で担われる事務の多さです。大阪都構想とは大阪市を廃止する計画です。新たに設置する特別区は「中核市並みの権限をもつ」基礎的自治体であり、理屈でいえば旧大阪市域というまとまりをもった行政の仕組みは廃止されることになります。ところが特別区全体をカバーする、すなわち大阪市域全体を対象とする一部事務組合の設置が乱発されています。

制度設計案は一部事務組合で担う業務を特別区の水平連携で実施する事務としています。水平連携で実施する事務とは、特別区に仕分けられた事務のうち、「専門性の確保や、サービス・効率性の確保が特に求められるもの」とされます。しかし「中核市並みの権限をもつ特別区」というのであれば、特別区それ自体で必要な専門性やサービスの質が確保されなければなりません。どうしてもそれが困難であれば、一般市と都道府県の機能分担に準じて調整するか、新たな広域自治体が責任をもってその事務を担うべきでしょう。前項でも指摘した特別区の総合行政機能ついで府県が本来担うべき広域調整機能はここでもないがしろにされ、特別区の権限と行政能力はさらにやせ細っていきます。

具体的に一部事務組合に割り振られた仕事を見てみましょう。制度設計案の組織イメージによると、一部事務組合は事業部門、システム管理部門、施設管理部門の三部門をもちます。事業部門では国民健康保険事業と介護保険事業を担います。システム管理部門では住民基本台帳、戸籍、税務、総合福祉、国保、介護保険、統合基盤・ネットワークシステムのいわゆる住民情報計七システムの共同管理を行います。

施設管理部門では児童自立支援施設など専門的な児童福祉施設や母子福祉施設、生活保護施設、心身障がい者リハビリテーションセンター、市域外の高齢者施設などの福祉施設及び中央図書館や中央体育館などの施設管理にあたります。加えて児童相談所一時保護所や身体障がい者更生相談所、知的障がい者更生相談所も一部事務組合で担われます。

さらに制度設計案は監査委員とその事務局についても「専門性、独立性を高めるために共同で設置」としています。しかし、監査委員は地方自治法で自治体におくと定められており、首長が議会の同意を得て「人格が高潔で、普通地方公共団体の財務管理・事業の経営管理その他の行政運営に関し優れた識見を有する者及び議員のうちから、これを選任する」（地方自治法第一九六条）と規定されています。また、その定数も「都道府県及び政令で定める市にあっては四人とし、その他の市にあっては条例の定めるところにより三人または二人とし、町村にあっては二人とする」（同法第一九五条）と定められています。さらに監査委員に職務に堪えない心身の故障がある時や義務違反などの非行がある場合は、首長は議会の同意を得て罷免することができる（同法第一九七条の二）とされています。

仮に特別区が共同で設置する監査委員を四人とした場合、五区または七区の議員から選出される監査委員はおそらく二名となり、一部の区議会の議員しか選任されず、また選任された議員選任の監査委員は他区の監査も担うことになります。また、罷免についてもすべての特別区の首長と議会の同意が必要とならざるを得なくなり、地方自治法が想定する以上の強固な地位を監査委員がもつことになります。東京の特別区では当然ですが、各区に監査委員が設置されています。「中核市並みの権限をもつ特別区」を標榜するのであれば、なおさら各特別区独自に設置されるべきものと考えます。

もしこれらの事務を一部事務組合が一括して担うことに違和感がないとすれば、それは無意識のうちに大阪市の存在を前提としているからではないでしょうか。これらの事務は市民によって選出される市長と市議会議員によって執行、監督されるがゆえに、主権者たる市民のコントロール下におかれているといえます。しかし一部事務組合の場合、組合管理者によって管理されるため、市民のコントロールは間接的とならざるを得ません。その問題を［**コラム3**］（五五頁）では介護保険事業から考えてみました。ご参照ください。

この市民のコントロールに関連して、特別区の政治システムや市民参加への言及がありません。「大阪の統治機構を変える」という表現に端的に表われていますが、大阪市廃止・分割案にはデモクラシー、すなわち住民自治の視点が不在です。大阪都構想を宣伝するのによく用いられる「ニア・イズ・ベター」や「二六〇万市民に一人の市長では民主主義の不足」などの言葉とは裏腹に、特別区の制度設計には住民自治を担保する仕組みに意を注いだ形跡がありません。まず大阪市民の意思を生かし、地域総合性を生かし、自立的な自治行政を実現していくシステムづくりに力点が置かれるべきですが、そのことを無視し、上から目線で、効率性重視だけで行政サービスを提供しようとする発想は、一見合理的なようですが、かえって問題をこじらせる恐れが十分にあります。一部事務組合の乱発がその典型です。

四　大阪都構想と市政改革課題の整合性の問題

この事務分担案のもう一つの問題は、市政改革により民営化（アウトソーシング）が検討されていることです。制度設計案の全体は、アウトソーシングがすべて計画通り実現することを前提として組み立てられています。交通、水道、ごみ行政などがこれにあたります。また新大阪府の担当となる事務も、議会で承認されなければ大阪市の関与を継続しなければなりません。病院や大学などがこれにあたります。これらの政策分野の比重は決して小さくありません。しかも、これらの民営化の課題は市民生活に大きな影響を及ぼすものばかりであり、議会で理解が得られていないものが少なくなく、知事と市長の思惑通りにすすむ確証はありません。ところが制度設計案と経営形態の見直し計画はいわば入れ子細工の関係になっていて、経営形態の見直しが頓挫すれば、事務分担や職員体制、効果額、財政シミュレーションに影響が生じます。すでに弘済院（高齢者専門の医療・介護施設）や市立幼稚園の民営化など、計画とは違う結論が市議会で決定されており、齟齬が出てきています。まさに砂上の楼閣が崩れるように、制度設計案が自壊しつつあるのです。なお、民営化を検討している主要な課題について検討経過や市議会での審議状況も【コラム4】（五六頁）・【コラム5】（七七頁）・【コラム6】（七八頁）にまとめていますので、お読みください。

五　制度設計案の他の項目との関連について

最後に事務分担と制度設計案の他の項目との整合性について、検討しておきます。事務分担に対応した職員体制の確保や財政的な裏付けがなければ、それは絵にかいた餅に過ぎません。詳しい分析は第3章以降をお読みいただくとして、事務分担とのつなぎ目を見ておきます。

机上のプランだけが先行する職員体制

まず、職員体制ですが、近隣の中核市五市の平均から職員数を割り出しています。昼間人口が夜間人口の一・三倍となる大阪市域の職員数をベッドタウン的な中核市の平均から算定するのは適切ではありません。職員数は事務分担を踏まえて具体的に積算すべきです。また、特別区移行に伴う業務への対応職員数が検討されていません。いわば職員数におけるイニシャルコストが積算されていないということです。事務関連のコストの項目でイニシャルコストは計算されていますが、事務を行ったり契約したりするのは職員です。それ以外にも例えば様々な行政計画を各特別区は一斉に策定することになります。区議会や各種審議会の設立や関係団体の特別区単位への再編などの業務はアウトソーシングできるものではありません。

本来であれば特別区への移行に備えて準備室を設置し、数年単位で移行事務を進めつつ職員の採用を増やしておくなどの準備が必要です。それらの検討がないまま、他方で、約二〇年間で七案では約二五〇〇人、五区案では何と約二〇〇〇人もの職員の削減を行っていくことになっています。独立した意思をもつ特別区（基礎的自治体）をこれから創ろうというのに、行革計画（リストラ）だけが先行するという奇妙な制度設計です。特別区の財政が財政調整制度であらかじめ縛られているため、計画通りに削減しないと財政的に行き詰る仕組みになっているからでしょうか。

一般市以下の財政権限

その財政ですが、特別区の財政は極めて厳しくなるでしょう。自主財源の住民市民税は高齢化により今後、確実に減っていくと予想されています。大阪市の場合、比較的豊かであった固定資産税や法人市民税は特別区の固有財源ではなくなり、新大阪府・特別区間の調整財源とされ、一部は新大阪府にも配分されます。さらに地方交付税も調整財源として、いったん新大阪府の財源に組み込まれます。それればかりでなく臨時財政対策債、すなわち借金さえも調整財源に組み込まれるシステムになっています。ただし新大阪府から特別区に配分される交付金は、特別区を一般市と仮定して計算した交付税額を下回る危険性が濃厚です。しかも市債の返済額七〇％が特別区の負担とされ、調整財源から天引きされます。さらに、先に見たように、多くの業務が一部事務組合で担われることから、特別区の予算のかなりの部分は特別区共通の財布に入ってしまいます。これでは特別区の財政自主権などあってなきがごとしです。

豊かな新大阪府と貧しい特別区

特別区の財政シミュレーションを見るともっと深刻です。移行にかかるコストを賄うために大阪市が保有する未利用地を四年間で五四〇億円分も売り払ったうえで、特別区の公債も六年で一六五億円発行、さらに今まで大阪市は収支不足を補うためには使ってこなかった財政調整基金を二年間で三五億円取り崩すことになっています。そして数年後からは貧しい財源の中から、公債費（借金）の返済を迫られます。すでに売却できる土地も残されていません。そのいっぽうで、新大阪府は初年度から一一億円の財政効果が出ることになっています。つまり豊かな新大阪府と貧しい特別区が大阪都構想の帰結になりそうです。

事務分担に戻りましょう。中核市並みの権限の名のもとに特別区が担うことになるのは福祉や教育が中心でした。ひと（職員）もいない、お金（財源）もない、しかし福祉や教育についてだけは指定都市並みの権限（＝責任）がある、これが制度設計案から読み取れる特別区の姿かもしれません。

どこに建つ特別区の庁舎

ところで特別区の区役所庁舎はどこにできるのでしょうか。制度設計案によるとこれまでの行政区の区役所庁舎を活用したうえで、不足部分は民間ビルを賃貸するとなっています。左の**写真1**は東大阪市役所の本庁舎です。地下一階、地上二二階の高層ビルです。比較検討の対象となった他の四中核市もおおむね同規模の本庁舎を持っています。**写真2**は現在改築工事中の板橋区役所の完成予定図です。北館は地下三階、地上一四階、南館は地下一階、地上七階です。ちなみに板橋区は人口五三万人余で、五区の場合の特別区の人口規模に相当します。

豪華な庁舎が必要と言っているのではありません。住民生活に一番近い、ひとつの独立した自治体（地方政府）である以上、行政の各分野の主要なスタッフと議会が物理的に集積している本庁舎が必要なのではないでしょうか。特別区はその事務の多くを一部事務組合に委ねることになっています。くわえて支所（二四の旧区役所をそのまま利用）を置いて特別区の事務の七〇％を担わせようとしています。組織全体がバラバラであれば、特別区の庁舎も最初からタコ足で構わないということでしょうか。まるでバーチャル自治体です。

ここにきて、橋下市長が推す「五区（北・中央区分離）案」では、二区で庁舎確保が困難であることが分かってきました（二〇一四年一月一七日付「毎日新聞」）。制度設計案では新庁舎建設は予定されていませんので、大阪市廃止後の特別区はバーチャルな形でいくということなのでしょうか。

写真１　東大阪市役所本庁舎
（東大阪市役所ホームページより）

写真２　板橋区役所南館改修工事イメージパース
（板橋区公式ホームページより）

まとめ

以上、制度設計案の事務分担の検討を行ってきました。その上で若干の指摘しておきたいと思います。

特別区は、自治体の制度設計である以上、独自の意思決定ができる条件を備えていなければなりません。しかも特別区は中核市並みの権限をもつ基礎自治体を標榜する以上、それにふさわしい総合的行政執行能力をもっておく必要があります。また、その中に住民自治のシステムがきちんと組み込まれていなくてはなりません。こうした態勢を補完するのが広域自治体（新大阪府）の役割のはずです。地方自治の制度設計は、補完性原理を基礎に、基礎自治体優先を原則にして構築すべきですし、それが二一世紀の地方自治制度改革の王道です。しかし、「事務分担」に限ってみても、制度設計案の考え方は明らかに逆です。

第一章でも触れましたように、まず、広域行政の一元化・効率化を最優先に、新大阪府の事務配分が確定され、その残余を特別区、さらに一部事務組合に分けるという発想で組み立てられています。つまり住民に最も身近な政府＝基礎自治体としての特別区の像が明確に結ばれていないのです。その像が明確でないということは、人々の暮らしの現場からの視点が決定的に弱いということにつながります。それ故に、住民参加のしくみへの無関心、さらに一部事務組合の乱発がしめすように、すっきりした事務分担を提示し得ず、多くの政策分野で、どこに所属する事務なのか、あいまいな領域を残してしまうという、制度設計としては致命的な欠陥をかかえることになります。

大阪市解体・分割は何もないところに絵を描く作業ではありません。ゼロベースで考えるということと、ゼロからスタートすることとは違います。橋下市長や松井知事の目から見ればいろいろ問題のある大阪市役所や大阪府庁かもしれませんが、それでも固有の意思決定と公共サービスを担ってきた歴史ある自治体です。様々な機能が有機的に連携し、悪く言えばしがらみが絡み合っていて、改革を容易ならざるものにしている側面も否めないでしょうが、一方では思わぬ耐性、柔軟性を持って市民のニーズに応えている側面もあるものです。こうした歴史的に形成された組織の能力、力量は一度解体・分割してしまうと、修復はほぼ不可能です。制度設計案は抽象的なスローガンだけを方向指示機にして、いわば白紙に近い状態で自治体をつくると仮定した案ではあるかもしれませんが、土台に据えるべき基礎自治体＝特別区の像が不明確なため、足元がふらつく、リアリティに欠ける案になっています。

制度設計案は一言で言うなら〝生煮え〟です。作業全体が、現状に対して仕上がりのイメージを単純に対置したレベルにとどまっており、移行にともなうリスクすら計算されていません。さらに移行のプロセスを詳細に描いた設計図にもなっていません。率直にいって「特別区設置協定書」を取りまとめ、議会の議決を経て、住民投票に付すはるか以前の作業段階に止まっています。大阪都構想のスローガンだけは勇ましく叫ばれても、そもそも各行政分野の関係団体に制度設計案の説明をしたり、意見を聞いたりもしていないのではないでしょうか。

コラム1

児童相談所の分割

児童福祉のメリットが失われる

児童相談所は新たな広域自治体が担うべきか､特別区が担うべきか。大阪市を解体しなければ考える必要のない問題ですが、難問です。近年、児童虐待問題が深刻化する中で、児童相談所には専門性、機動性の強化が求められています。いっぽうで、少子化を背景に、虐待防止を含めて基礎自治体の子育て支援機能の強化も焦眉の課題となっています。大阪市のような指定都市の場合、専門性、機動性を確保しうるとともに、児童相談所も各区役所の子育て支援セクションも指定都市の機関であるため連携も取りやすいというメリットがあります。例えば大阪市の児童相談所ではケースワーカーが定例的に各区の子育て支援室に出向き相談に応じる体制がとられています。また、指定都市であるがゆえに、児童福祉施設の設置認可や里親認定などの事務も受けもっており、一体的に児童福祉行政を展開することが可能となっています。

制度設計案は「中核市並みの権限をもつ特別区」を象徴する事務として、児童相談所を特別区の事務に振り分けました。現在、大阪市で1か所の児童相談所は5または7か所に分割されるわけです。そのいっぽうで、緊急時に子どもを預かる一時保護所は特別区共同で設置し、一部事務組合が運営するというのです。児童相談所が分割されてしまって専門性や機動性が維持できるのかも不安ですし、一時保護の是非や優先順位をめぐって、児童相談所と一時保護所もしくは児童相談所間にデリケートな調整の必要が生じてきそうです。

こうした分割案に厚生労働省も不安をもったようで､「児童相談所での援助活動を実施するための児童福祉施設の設置の認可、里親の認定､要保護児童の保護措置の実施等を一貫して行う必要があ」るが(第8回法定協議会資料1–3「各府省質問・意見に対する回答」より)、そのようなことが特別区にできるのか、と疑問を投げかけています。

コラム２

「指揮官はひとり」で災害から人命を守れるのか

消防の広域事務化

現在、消防行政はふたつの重要な政策課題を抱えています。ひとつは消防の広域化。もうひとつは自主防災組織の活性化などによる地域防災力の向上です。

東日本大震災の教訓や南海トラフ大地震の被害予測の拡大、大規模自然災害の頻発をふまえ、消防の広域化はいっそう重要な課題となっています。いっぽうで地域の消防団や自主防災組織と緊密に結びついた市町村消防は、地域防災力の維持、向上のためには極めて有効に機能しているといえます。つまり市町村消防がもっていた地域との結びつきを維持しつつ、住民の理解を得て広域化を図っていくことが消防広域化の課題となっているのです。その意味では、指定都市の消防はハイパーレスキュー(特別高度救急隊)などをふくむ高度な機能、技術とともに、地域密着型の市町村消防機能の両方をすでにもち得ています。

制度設計案は大阪市域の消防行政を広域自治体が担うという方針を選びました。現在の消防力の維持などとともに、首長(知事)の指揮・調整機能の明確化がその大きな理由です。でも考えてみてください。大規模災害が大阪を襲った場合、府内の多くの市町村が被災地となります。当然、各市町村の首長や消防本部は、その市町村住民の救援に全力をあげるでしょう。その時の知事の役割は府内の被災市町村を俯瞰して、適切な調整と指揮を執ることです。しかし、大阪市域を担当する消防の指揮官が知事であるとすれば、知事は大阪市域の救援の責任者ということになります。特別区の区長には消防を指揮する権限はないのですから、知事に要請するしかありません。いっぽうで、大阪市域の人口は府の人口の３割に過ぎず、府域全体を視野に収めた知事の責任は重大です。大阪市域を優先して事にあたるのか、それとも府内全域優先で大阪市域は後回しにするのか。ここにも２つの顔をもった新大阪府の矛盾が露呈しています。「指揮官はひとり」で本当に人命は守れるのでしょうか。

第三章　大阪市廃止・特別区設置における職員体制

この章では、大阪市廃止・特別区設置における職員体制を中心に、制度設計案について検討します。

いうまでもなく、自治体が業務を行うためには、権限・財源が与えられているだけでなく、適正な職員体制が整っていることが不可欠です。はたして大阪市廃止・特別区設置において「必要な人員」が考慮された職員体制が敷かれているのか、制度設計案で示されている数字からみていきます。

一　大阪市廃止・特別区設置によって職員体制はどうなるのか

現員数との比較

二〇一二年度現在の職員数は、大阪府八八四三人、大阪市一万九五二〇人、合計二万八三六三

図表4　新たな事務分担（案）に応じた移管事務イメージ　　法定協議会資料

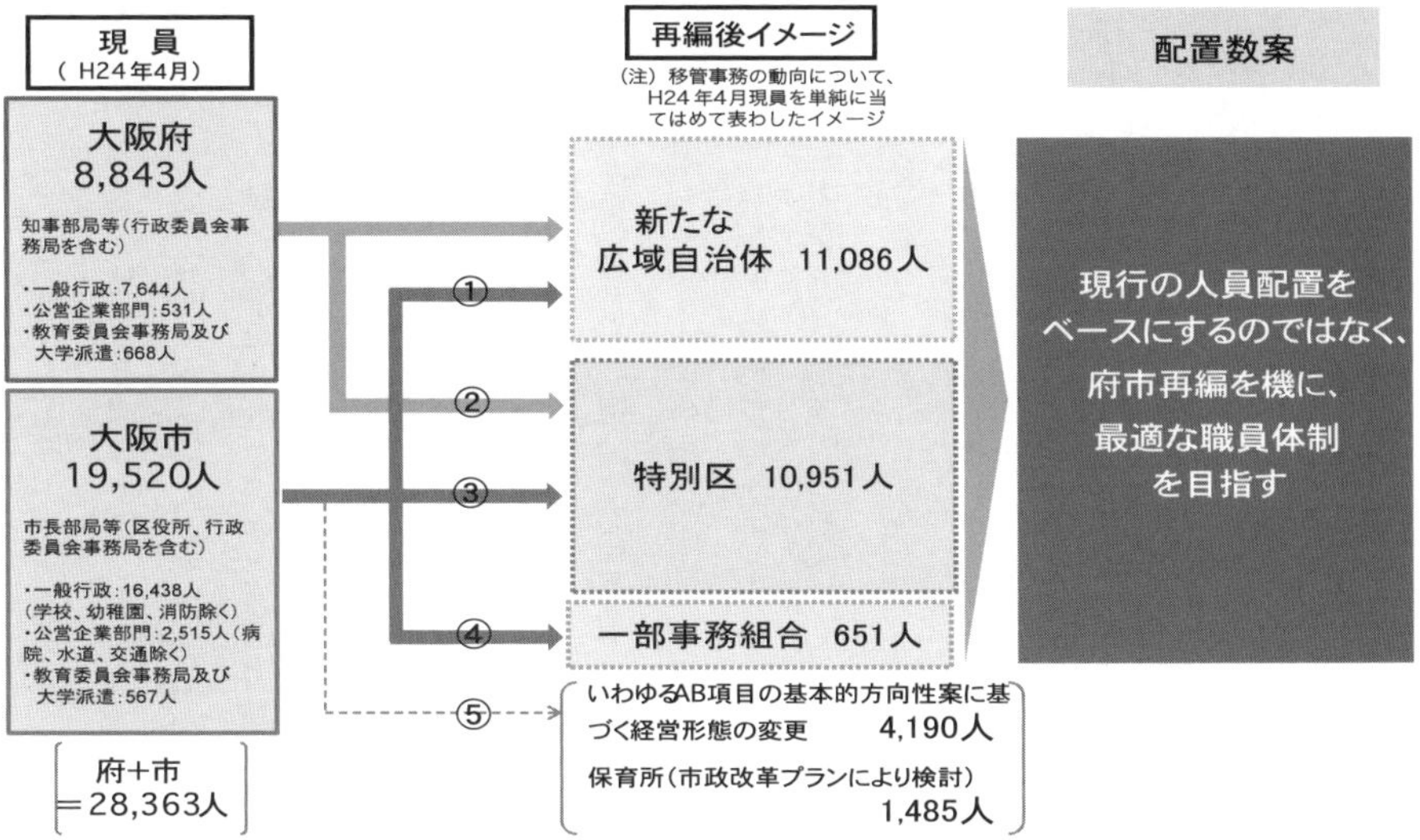

人となっています。

制度設計案では、再編後イメージとして、この現員数を新たな事務分担案に応じて従事人員数として単純に振り分けています。

大阪市から新たな広域自治体へ二四三事務二三〇一人、大阪府から特別区へ一二事務五八人、大阪市から特別区へ一五七八事務一万八九三人、大阪市から一部事務組合へ七八事務六五一人が再配置されることになります。その結果、新たな広域自治体一万一〇八六人、特別区一万九五一人、一部事務組合六五一人の職員体制となります。ただし、経営形態の変更によって生まれる組織（一般廃棄物・下水道）へ四一九〇人、市政改革プランによって民間移譲を検討するとされる保育所一四八五人は別枠とされています（**図表４**参照）。大阪市を解体・分割することにより、大阪市職員は大きく四つの組織に分割配置されることになります。

しかし、これはあくまで二〇一二年四月時点の現職員を単純に振り分けたものであり、二〇一五年四月に想定されている府市再編を機に、「最適な職員体制を目指した結果」として提示されているのが「配置数案（標準）」です。後述するように、その算定方法自体に大きな疑問がありますが、とりあえず制度設計案で示されている人員配置数をみてみます。

新大阪府の職員体制

まず、府市を統合した新大阪府（新たな広域自治体）の人員数をみてみましょう。制度設計案では、二〇一五年四月スタートの再編当初の事務分担に応じて振り分けた人員数一万八〇七人を、一〇年後の二〇二五年度当初までに六〇九人削減し、くわえて二〇二六年度からアウトソーシングによって三八七人を削減して、「最終」的には九八一一人になるとしています。

しかし、その内容は、二〇一五〜二五年度の削減数六〇九人のうち、純粋な組織統合の効果にあたると思われる、再編当初における「重複部分の効率化」はわずか一七〇人にとどまっています。なお、「重複部門の見直し等」であげられている一六〇五人の削減については、「現行の大阪府の削減計画を参考に目標を設定」とされており、削減が達成される期間も一〇年間と長期に設定されていますので、府市統合による削減効果ではなく、通常の定数削減によるものだと思われます。それ以外についても、業務のアウトソーシングと定数削減によるものであり、大阪市を解体して新大阪府を再編することによって生み出される人員削減ではありません。

このような職員体制が示される一方で、新大阪府には大阪市から事務が移管されることになっています。その人員数は、当初の職員数をあてはめると二四三事務二三〇一人にものぼります。これら新規の事務を、最終的には現在の大阪府から約一〇〇〇人しか増員されない職員体制で行うことになるのです。しかし、制度設計案には「全国トップクラスのスリムな職員体制を目指して効率化を推進」という抽象的な表現があるのみで、この職員数で、これまで通りの府県固有の事務にプラスして、大阪市域にあっては大阪市にかわる基礎自治体機能の一部移管された事務、さらに「大阪都構想」の本来の目的ともされる「成長戦略」を立案・実行するに足る職員体制が確保できるのか、不明といわざるを得ません。

特別区の職員体制

次に特別区の職員体制をみてみます。広域自治体と一部事務組合の職員数は五区案でも七区案でも全く同じです。異なるのは特別区の職員配置数で、五区案の場合は、最終的に一万九五一人―九七八九人＝一二五〇人の人員減となります。ただし、最終的な総数においては人員減となるとしているものの、事務職員については当初五三五人の人員不足が見込まれています。配置数の算定方法によっては、人員が不足しさらに必要になる可能性もあります。

なお、特別区は五区案であれ七区案であれ、現在の行政区よりも管轄が広くなるため、特別区ごとに支所が数カ所設置されることになっています。支所は住民登録などいわゆる窓口サービスや福祉事務所（分室）・保健センターの業務を担う職員が配置されますが、まちづくりや福祉計画、環境分野など、市民参加や市民協働を担当する職員は配置されません。人口五〇万人前後の特別区に公選の区長・区議会が置かれるとしても、日常的、直接的な住民参加を基礎とした、地域総合性をもった行政機能は、現在の大阪市よりはるかに弱くなってしまうことになります。

一部事務組合の職員体制

いまの大阪市の部局に「集約化」されている業務を五~七区の特別区に分散配置すると、非効率な執行体制となってしまう場合があります。したがって制度設計案では、国民健康保険・介護保険や施設管理に関わる事務など、現在大阪市が行っている事務のうち七八事務については、一部事務組合を通じて共同処理するとされています。

このような多くの事務を行う一部事務組合を設置しなければならないということは、市民から直接コントロールをうけず、特別区間の利害調整も複雑になる「ミニ市役所」が生まれるということであり、それ自体大きな問題です。さらに、「経営形態の変更」によるものとして「別枠」とさせている、一般廃棄物(二七〇五人)などが一部事務組合となることも予想されます(一般廃棄物のうちごみ焼却処理事業については現在、八尾市と松原市をくわえた一部事務組合で実施する方針が示され、大阪市を加えた三市で「環境施設組合設立準備委員会」が設立されています)。一部事務組合方式は、職員体制の面からも問題を抱えています。例えば制度設計案で一部事務組合が行うとされている事務のなかには、東京二三区が現在「特別区人事・厚生事務組合」で行っている職員採用や職員研修などが入っていません。特別区が独立の基礎自治体であるかぎり、それぞれ特別区が単独で実施するのは理にかなっています。しかし、多くの事務で一部事務組合方式が乱発されている実情をふまえれば、業務の効率化を名目に、これら総務部門もまた、一部事務組合に変わる可能性は否定できません。そうなった場合、現状でも一部事務組合の職員数の不足が懸念されますが、将来さらに二二〇人を削減し、四三一人体制が想定されていますが、それで円滑な執行体制が可能なのか、はなはだ疑問です。

二　特別区配置数案（標準）の算定にかかわる問題

近隣中核市五市との比較

制度設計案では、「現行の人員配置をベースにするのではなく、府市再編を機に、最適な職員体制をめざす」として、職員の配置数案を提示しています。しかし、とりわけ特別区の配置数案（標準）には大きな問題があります。

具体的な配置数の算定には、「ゼロベースからあるべき職員体制を検討」としているにもかかわらず、近隣中核市五市（豊中市、高槻市、東大阪市、尼崎市、西宮市）の職員体制との比較によって配置数が算定されています。しかし、近隣の中核市のほとんどがいわゆるベッドタウンであり、大阪市とは都市の特性が著しく異なっているという問題があります。そもそもが「近隣」というだけで「類似」しているとみなすこと自体、乱暴であると言わざるを得ません。むしろ、地域経済の中心をなす都市とその周辺の都市とは、性格が大きく異なると考える方が自然なのです。つまり、昼間は多くの住民が市外に通勤して不在である都市と、その住民たちが通勤してきて働き、出かけてきて消費するなど様々な活動を行う都市とを、人口規模だけで比較することはできないのです。

実際に、大阪市と近隣中核市五市を、昼夜間人口比（＝昼間人口／夜間人口×一〇〇）を用いて比較してみましょう（**図表5**）。大阪市は一三二・八であり、市外からの通勤者を加えた昼間人口は大阪市内に居住している人口より三〇％以上も多くなっています。これは首都圏の中心である東京都区部の昼夜間人口比一三〇・九を上回るものであり、他地域と比べても桁違いに大きな数値です（注5）。他方、近隣中核市五市では、尼崎市九六・八、豊中市八九・二、西宮市八九・二、高槻市に至っては八六・二（いずれも二〇一〇年国勢調査）となっています。市内に中小製造業の集積があり、ベッドタウンとしての性格が比較的少ない東大阪市でも一〇三・二でしかありません。

これらの都市と比較して職員体制を算定するということは、特別区は市内通学者も含めて一一〇万人を超える昼間流入人口によって発生する行政ニーズを想定すれば、単なる机上プランにすぎないことは明瞭です。

新聞報道では、大阪府は南海トラフ大地震による被害想定

図表5　近隣5中核市の昼夜間人口比

	昼夜間人口比
豊中市	89.2
高槻市	86.2
東大阪市	103.2
尼崎市	96.8
西宮市	89.2
大阪市	132.8
東京都区部	130.9

注：昼夜間人口比＝昼間（常住）人口／夜間人口×100
出典：「国勢調査」（2010年10月1日現在）

図表６　産業活動の密度の比較

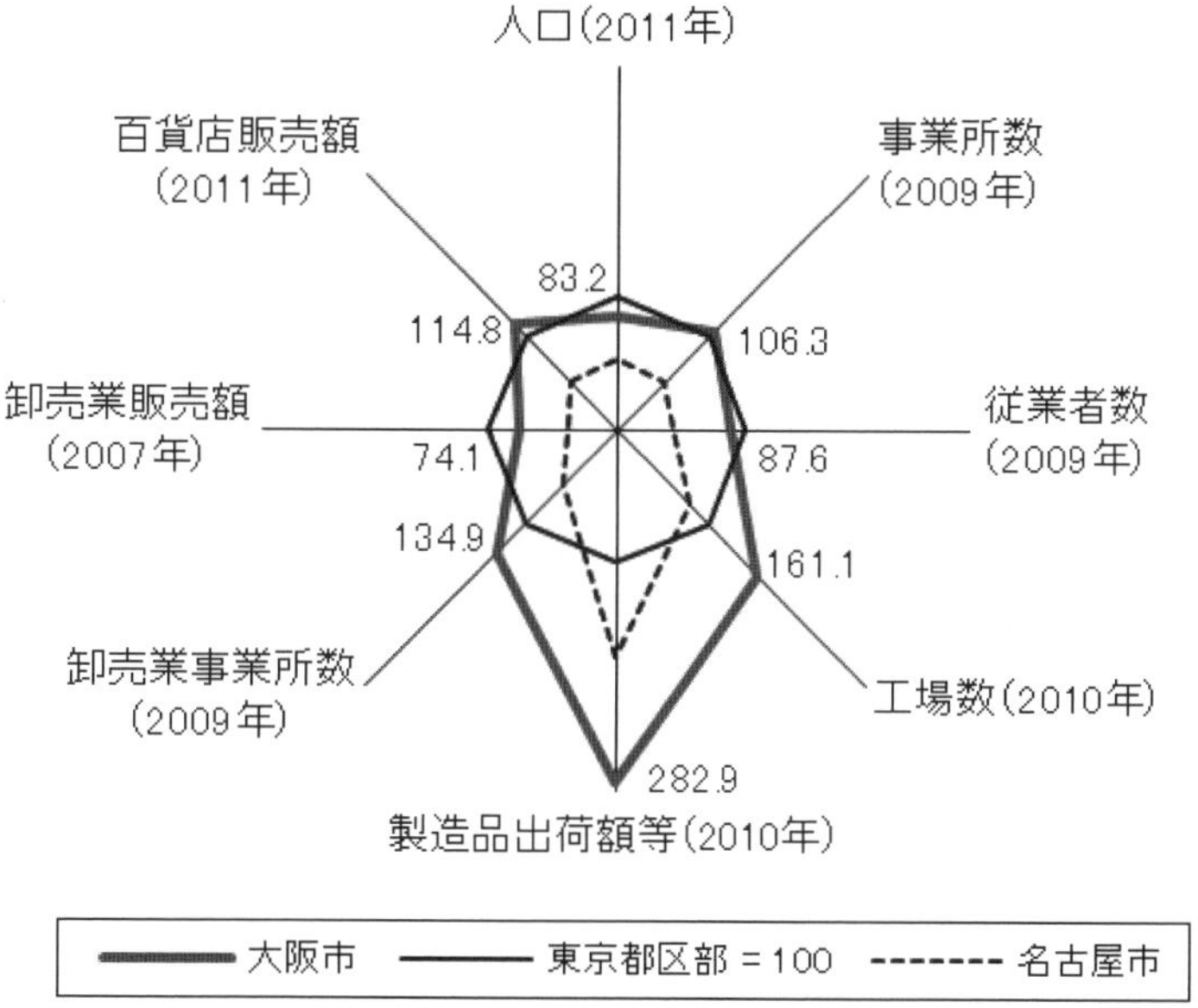

注：1km² あたりの各項目の密度を東京都区部の数値を 100 として比較したもの。人口は 10 月 1 日の数値。事業所数、従業者数は民営事業所（産業分類不明含まず）。工場数、製造品出荷額等については従業者数 4 人以上の事業所（工場）の数値による。基準とする面積は 2011 年 10 月 1 日の数値。境界未定等を含む参考値を使用。
出典：『大阪の経済　2013 年版』5 頁

で、帰宅困難者は大阪府全体で最大一四六万人に達すると公表しています。そのうち相当の帰宅困難者は大阪市内で発生するはずです。その事態に、行政はどのように向き合うべきなのでしょうか。**「コラム７」**（八四頁）でそのことに触れておきました。これはあくまで一例にすぎませんが、近隣中核市との単純比較だけでは、職員数は確定しがたいことは明らかです。大阪市域の都市状況を考えれば、大阪特別区における職員体制は、大阪市域外の住民にとって無関係というわけにはいかないようです。

大阪市内では、昼間人口の多さとともに、様々な活動が展開されています。産業活動の密度も東京都区部と比較して非常に高くなっています（**図表6**参照）。産業振興などの「成長戦略」は新大阪府が引き受けるとしても、事業所周辺の環境対策や商店街振興など地域に密着した課題については、特別区が担わざるを得ないのは明らかです。加えて、昼間人口にはカウントされないビジネス、消費、文化などを目的とした市内来訪者から出てくる行政ニーズへの対応も必要です。

その一方で、かつて大阪府が主導したようなコンビナートの誘致などとは異なり、現代の都市型産業の振興にあたっては、都市基盤重視というより、むしろ創造的な人材を惹きつけるための居住環境や都市文化の重要性が指摘されています。大阪の個性豊かな都市文化やまちの魅力を戦略的に創りだすのは広域自治体ではなく、むしろ基礎的自治体である特別区レベルでの取り組みが重要になってきます。こうした役割を担う人材をどのように確保するのか、といったことも職員体制として考えておくべきです。大阪のまちの新たな魅力を創りだすうえで、権限・財源は必要不可欠ですが、その権限を生かせる職員体制が必要不可欠です。

大阪市の東京都区部を上回る昼夜間人口比の高さ、一一〇万人を超える昼間流入人口、さらにはその背景にある生産・消費、観光、文化など市内での多様な活動の規模と密度を考えると、近隣の中核市との単純比較だけで測れない職員の体制整備を考えておくべきでしょう。

東京二三区との比較

ところで、大阪市と同じく昼間人口が流入する東京二三区と職員数を比べるとどうなるのでしょうか（**図表7**）。例えば、五区案の場合と類似する人口五三万五八二四人をもつ板橋区の職員数は二五〇八人、人口四四万六六一二人の葛飾区の職員数は二九四一人、人口四〇万七九〇八人の江東区の職員数は三〇九〇人です（いずれも人口は二〇一一年度末住民基本台帳、職員数は二〇一一年四月一日現在・再任用短時間勤務職員除く）。

中核市並みとされ、東京二三区よりさらに大きな権限と事業範囲をもつことになるはずの「大阪都」の特別区ですが、五区案における配置数案（標準）では一八六八～二〇四一人となっており、東京二三区と比較してかなり少ない職員数です。

大阪市の都心部であり、関西の中心をなす鉄道ターミナル周辺の大規模商業地域とオフィス街を抱える北区などから構成されるA区（五区案、北区・中央区分離、**図表7**参照）を例として比較してみましょう。A区が人口五六万一六八七人、職員配置数案（標準）一九一一人であるのに対して、人口が同程度の東京都板橋区は人口五三万五八二四人、職員数二五〇八人です。大阪の大都市としての「顔」とも言うべき

図表7　5区案（中央・北分離）特別区職員配置数の東京特別区との比較

	人口	職員数		人口	職員数
A区	561,687	1,911	板橋区	535,824	2,508
B区	512,030	2,030	葛飾区	446,612	2,941
C区	583,709	1,939	江東区	407,908	3,090
D区	592,651	2,041	品川区	354,574	2,526
E区	415,237	1,868	北区	317,663	2,355

注：この他にも、東京都北区の人口317,663人・職員数2,355人、品川区の人口354,574人・職員数2,526人など、人口がより少ない東京都特別区と比較しても大阪の特別区の職員の少なさは明らかです。

出典：各区ホームページ（2011年4月1日現在）。

A区の職員数は、昼間人口の流出が多い東京都板橋区よりも相当少なくなっています（注6）。

このように、制度設計案における配置数案（標準）の算定には大阪市の都市としての特性がほとんど考慮されておらず、いくら効率化や一部事務組合の乱発、さらに業務の大規模なアウトソーシング（この場合は人件費が減っても、委託費が増大します）を行ったとしても、東京二三区を上回る中核市並みの行政責任を果たし得る職員体制を構築することは無理だと言わざるを得ません。

制度設計案では、大阪市の実情を踏まえた要素についても考慮しているとしていますが、児童相談所の設置（これについては、一時保護所をどう設置するかによって変動します）や教職員人事事務が考慮されているものの、需要ベースから職員数が算定されているのは生活保護（被保護世帯数）、保健所・保健センターのみです。

（注5）大阪市と同じく都市圏での中心的な機能を持つ名古屋市（一一一・五）、福岡市（一一一・九）と比べても、大阪市の昼夜間人口比は際立って大きい数値となっています。ちなみに、東京のベッドタウンとしての性格が強い横浜市の昼夜間人口比は九一・五となっています。

（注6）大阪市の観光動向調査によると、二〇一一年の市内宿泊者数（延べ数）は一五七七万人（二〇一二年以降は「広域的な観点から実施することが適当である」との方針から、大阪市独自の調査は終了）。

三　その他の課題

制度設計案においては、二〇一五年再編当初の課題として、非技能労務関係職員（事務職員）が相当数不足するとされています。不足数は七区案で二二〇三人、五区案で五三五人ですが、基本的に再任用職員の活用や技能労務職員の事務職員への転任で対応するとされ、七区案ではそれらに加えて新規大量採用で補うとされています。しかし、その実現可能性については相当厳しいものがあると法定協議会の場で事務局である大都市局が答弁しています。

また、専門職の確保においても、建築職、栄養士、保健師の各職種については不足のおそれがあるとされています。しかし、近隣中核市五市との単純な職員比較から想定しているというだけで、具体的な不足数は示されていません。これから大阪市域で本格的にはじまる道路、橋りょう、地下埋設の上下水道管など都市インフラの老朽化に対応する職員体制の構築も緊急課題です。土木職等については近隣中核市五市と比較して配置が多いと見込んでいますが、先の昼間人口と同様に都市の特性の相違をまったく考慮しておらず、専門職の実際の不足はさらに多くなる可能性もあります。

以上から明らかなように、制度設計案で示されている職員体制は、大都市・大阪市の直面する行政課題を考慮したうえで検討されたものではなく、あくまで都市として性格の異なる近隣中核市五市との単純な職員数比較から「算出」されたものにすぎません。制度設計案の職員体制は、一方で超高齢社会と都市インフラの二つの老いへの対応、他方で二一世紀にふさわしい成熟洗練した都市の魅力を引き出す力をもった職員体制を構築しようという発想からは、はるかに遠い案となっています。

コラム３

一部事務組合が自治を阻む

介護保険を事例として

介護保険における１号被保険者の介護保険料は、３年に１度策定される介護保険事業計画により決定されます。つまり計画に盛り込まれた介護サービスの供給目標から保険料が計算される仕組みです。供給目標は自治体における高齢化率や高齢者人口、要介護高齢者数によって変わってきます。これが介護保険料に跳ね返ります。サービス供給量が大きいと１号被保険者の保険料も高くなりますが、これに比例して２号保険会計や国庫から来るお金も大きくなるので得でもあるのです。いっぽう介護予防施策を充実させることで介護ニーズを抑制できれば、介護保険料を低く抑えることにつながります。つまり計画策定(＝介護保険料の決定)は極めて政策的な課題といえるのです。ちなみに東京23区でも介護保険料は区ごとに決定されており、23区で統一されていません。

大阪の場合、特別区において介護保険の事務が一部事務組合で担われるということは、介護保険料が特別区間で統一されることを意味します。にもかかわらず制度設計案は計画策定を特別区の事務に分類しています。当然、地域実情によってサービス供給目標に違いが生じます。そうなるとサービス目標を高く設定した特別区が全体の保険料を押し上げることになります。あるいは保険料に縛られてサービス供給目標を抑制しなければならない特別区が出現します。今は大阪市という一つの自治体の中で全市的観点から調整されている介護ニーズの地域間格差が、特別区間の利害対立をもたらす原因となるわけです。そのときには調整主体であった大阪市は存在しません。新大阪府にもその権限はありません。それぞれの住民の利益を代表しようとすればするほど、特別区同士は対立関係に陥る可能性を高めることになります。いずれにしろ、介護保険での一部事務組合方式は、問題をより複雑にする原因をつくることは間違いなさそうです。

コラム4

市営交通の民営化

三度も継続審議に

市営交通の民営化については、大阪市議会での理解が得られず、継続審議の状態のまま膠着しています。交通局が 2013 年 2 月にまとめた民営化基本計画 (案) では、市営地下鉄は上下一体で 2015 年度に民営化、市バスは地下鉄と完全分離し 2014 年度から民営化との方針を出していましたが、市議会では維新の会をのぞく各会派から、民営化後の公共交通サービス水準の維持と経営の安定化の検証、8 号線延伸問題に対する姿勢、市バス路線の維持の保障が不十分との指摘が噴出し、地下鉄事業及びバス事業の廃止条例案は、2013 年の 2 月議会、3 月議会ともに継続審議となりました。交通局はあらためて民営化基本プラン (案) を策定し、5 月議会に臨み、その後の議論を踏まえて、8 号線延伸問題の外部専門家による検討委員会の設置や民営化後のバス路線維持を着実に確保する方策として大阪運輸振興 (株) の活用を追加するなどの修正を行いました。しかし、なお市議会の了解が得られず、三度目の継続審議となりました。

こうした経過を経て、2013 年 9 月–12 月議会で議論が行われました。ここにきて橋下市長は「1 区運賃 20 円値下げ先行、議会が来年 10 月までに民営化を認めなければ値下げ撤回」という奇手に出ました。これは運賃値下げを人質に、議会を抵抗勢力に擬する彼一流の政治手法で、各会派は反発を強め、今回も市議会での同意を得られませんでした。

維新の会以外の会派は、高齢化が進む中で乗客数は維持できるのか、東日本大震災を踏まえた南海トラフ大地震の被害予測の見直しにともなう防災対策の強化は経営を圧迫しないのか、高齢者の足として大切なバス路線は維持されるのかなど、具体的な検討を求めています。こうした議論を回避して、運賃値下げのパフォーマンスで議会の議論を政治ショー化し、劇場型政治で突破しようとする姿勢では建設的な審議とならず、事態は打開できないのではないでしょうか。

第四章　税源配分・財政調整、財産・債務の承継、財政シミュレーション（財政予測）

一　税源配分・財政調整をめぐる問題

普通税三税が財政調整財源に

税源配分と財政調整の問題は、東京の都心三区（千代田・港・中央）のような潤沢な税収がある地域が存在しない大阪にとって大問題です。とくに橋下市長がいう「中核市並みの権限とそれに見合った財源を有する特別区」が本当に実現可能かどうかは、この問題が最大のキーポイントになります。

制度設計案（**図表8**）は、税源の配分について、現在の東京都区制度にならい、大阪市の固有財源である普通税三税（法人市民税・固定資産税・特別土地保有税）を府税として吸収し、新大阪府・特別区間の財政調整財源とする。配分割合は新大阪府が二二～二六％、特別区が七四～七八％の

図表８　新たな広域自治体と特別区の配分割合

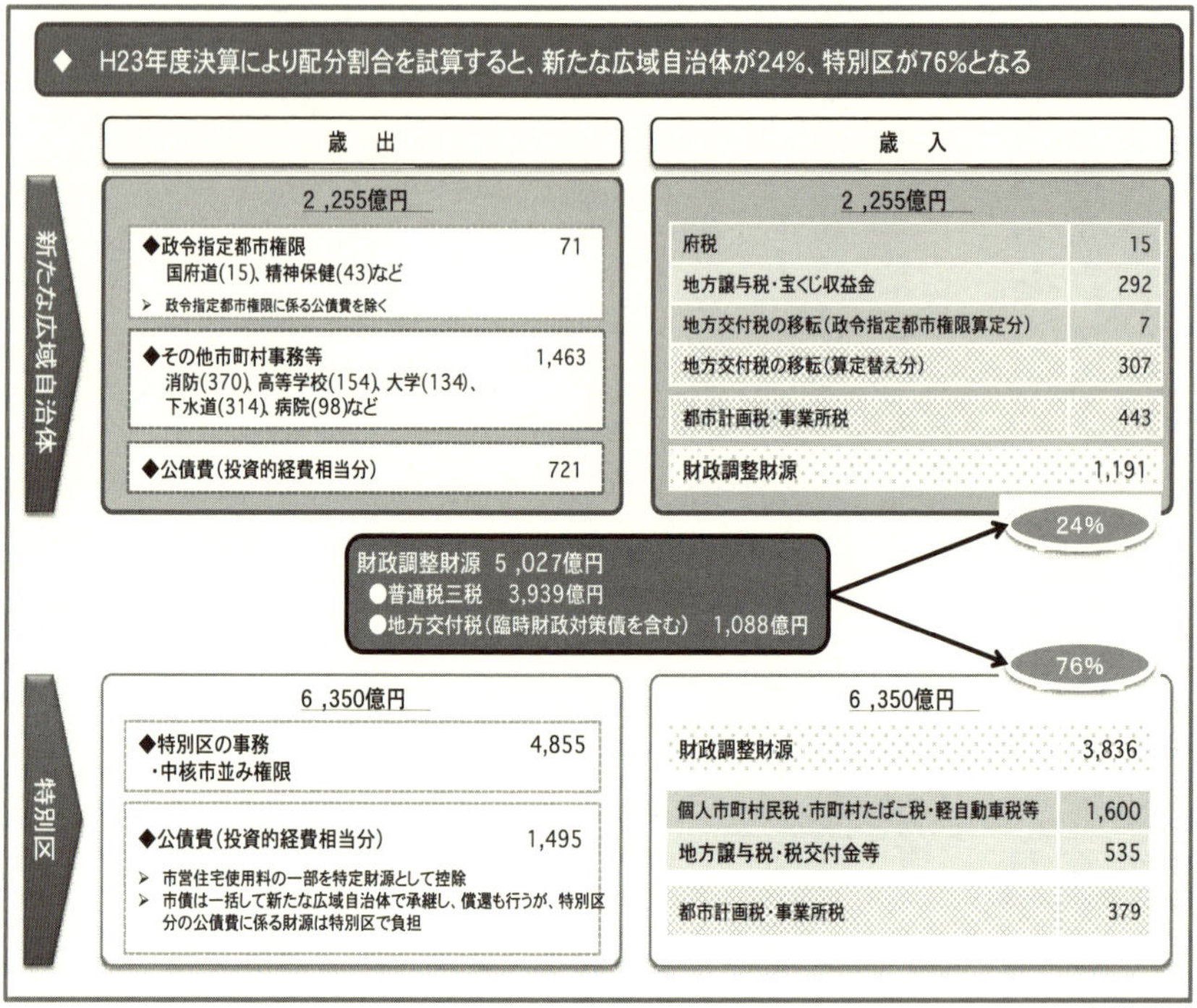

法定協議会資料

範囲で設定し（東京都区の場合は都に四五％、特別区に五五％配分）、最終的には直近の二〇一二年度の決算も踏まえて法定協議会で決定する、としています。同じく市税で目的税の都市計画税・事業所税も全額を府税とし、その一部を特別区に交付金として交付するとしています（この点も東京都区制度と同じです）。

　したがって、府税として徴収されたのち特別区に交付金として交付されるものの、市税の七五％に相当する根幹の税が新大阪府に吸い上げられ、特別区に残る税は個人住民税とたばこ税がその主なものとなります。しかも個人住民税は、高齢社会の進行による現役世代の減少などで今後急速に減少することが予想されます。

地方交付税も財政調整財源に

財政調整財源には、地方交付税（臨時財政対策債を含む）も組み込まれることになります。この点が東京都区制度とは根本的に異なり、大阪の場合は国の最低限の財源保障を支える地方交付税さえもが新大阪府・特別区間の調整財源とされてしまうのです。

地方交付税は、自治体ごとに基準財政需要額と基準財政収入額を計算して、収入額が少なければその不足分を交付税として交付する仕組みです。この制度により、自治体間にある地方税収の格差を調整し、すべての地域の住民に対して、国が定めた最低限の行政サービス水準（ナショナル・ミニマム）が保障される仕組みになっているわけです。

ただし問題は、交付先の自治体は普通地方公共団体としての都道府県と市町村（地方交付税法上「地方団体」という）のみとなっていることです。そのため特別区は地方交付税法上の「地方団体」に該当しません。したがって、東京都には都区合算規定という特例規定が設けられています。都の全区域を道府県（道府県分）とみなし、東京二三区の区域を一つの市（大都市分）とみなしたうえで、それぞれ算定した基準財政需要額と基準財政収入額を合算して財源不足額を計算し、都に交付するという規定です。

たとえば、直近の二〇一三年度の算定結果によると、東京都の道府県分は二〇七六億円の財源不足（四年連続）となりましたが、東京二三区を一つの市とみなした大都市分は五三八六億円の財源超過になり、道府県分と大都市分を合算した財源超過額が三三〇九億円となって、東京都には交付税が交付されていません。この特例規定によって、東京都は、一九五四（昭和二九）年に地方交付税制度がはじまって以来、つねに交付税の不交付団体であり続けています。

東京都が不交付団体であり続けるのは、大都市分（東京二三区分）があるからですが、なぜ大都市分が潤沢なのかといえば、その理由は「東京一極集中」にあることは明白です。東京都区制度は東京一極集中によって支えられていると言っても過言ではありません。地方交付税法上の東京都に関する特例規定は、もともと国が、潤沢な税収がある東京都区を地方交付税制度の枠外に置くためにつくった規定でもあります。

特別区は国の最低限保障を受けられない可能性も

潤沢な税収がなく、したがって府・市ともに交付税の交付団体である大阪でも、この特例規定が適用されることになりますので、交付税は、道府県の分と大都市分（特別区分）が合算されて新大阪府に交付され、新大阪府でもう一度調整されて特別区に配分されることになります。

問題は、その際、府の基準が国の最低基準を下回り、特別区は地方交付税によるナショナル・ミニマムが保障されない可能性がでてくることです。その理由は、前述したように、特別区は地方交付税法上の「地方団体」、すなわち国の財源保障団体ではないからです。

制度設計案のなかでも、**図表9**のように、特別区ごとに算定した場合と一つの市とみなして算定した場合の交付税の増減を比較していますが、一つの市とみなした場合は、一般の市町村と同

図表９　国や他の自治体との関係

法定協議会資料

◆ 新たな大都市制度を構築する際には、国や他の地方公共団体の財政に影響が生じないよう特に留意が必要
◆ 仮に、通常の市町村と同様の方法で個別に算定した場合は、普通交付税が約500億円増加

■ 算定方法の違いによる特別区の受ける普通交付税の影響（H 23年度算定ベース）　（億円）

	特別区ごとに算定した場合			一つの市とみなした場合※			影響額 [X−Y]
	基準財政需要額 [A]	基準財政収入額 [B]	交付基準額 [A−B] [X]	基準財政需要額 [C]	基準財政収入額 [D]	交付基準額 [C−D] [Y]	
3−A 区	1,117	1,241	0				
3−B 区	1,093	762	331				
3−C 区	1,209	602	607				
3−D 区	1,284	632	652				
3−E 区	978	1,335	0				
計			1,590	5,645	4,572	1,073	517

※ 基本的には、現行の市の普通交付税額から新たな広域自治体への移転分を控除したベースと同水準

■ 地方制度調査会答申（H 25.6.25）
・ 道府県における特別区の設置によって、国や他の地方公共団体の財政に影響が生じないよう特に留意すべき
・ 指定都市を特別区に分割した場合、現行制度と同様に、地方交付税の算定については、特別区を一つの市とみなすことが必要
・ 道府県と特別区の事務の分担や税源の配分が一般の道府県と市町村と異なることから、現行の都区合算制度と同様の仕組みによることが基本となることに留意すべき

様に個別に算定する場合に比べて、五区へ分割するケースで五〇〇億円余、七区へ分割のケースでは一〇〇〇億円余の交付税が減少すると試算されています。

東京都区制度と同じように、特別区を一つの市とみなした合算規定で新大阪府に配られるであろう交付税の枠内で運営しようというのは、たしかに国や他の自治体に迷惑をかけないことになるかもしれませんが、国の最低限の財源保障を受けられないかもしれない特別区の住民にとってはたいへん迷惑な話です。

繰り返しますが、東京都は地方交付税の不交付団体ですので、東京二三区ではこのような事態は生じていません。東京二三区にはないリスクを承知のうえで、東京のマネをして大阪市を解体し特別区を設置する必要など本当にあるのでしょうか。

臨時財政対策債の財政調整財源化も深刻

臨時財政対策債が新大阪府・特別区間の財政調整財源になっていることも深刻です。

臨時財政対策債は、国から自治体に交付する地方交付税の原資が足りないため、不足分の一部をとりあえず臨時財政対策債として自治体に借金させて窮状をしのぎ、借金の返済時に地方交付税として自治体に返す（基準財政需要額に算入）という趣旨で設けられたものです。

いわば地方交付税の代わりに借金の枠（公債の発行可能額）を自治体に与えるというものです。公債の発行可能な上限額を決められているだけなので、公債を発行する＝借金をするのかしないのか、借金の額はいくらにするのかなどの判断は個々の自治体の裁量に委ねられています。自治体からすれば、ただでさえ公債費＝借金を返済するための支出が多くなっているなか、必要以上の借金はできる限りしたくはありませんが、臨時財政対策債はその使途が限定されていないため、財政状況が厳しくなる一方の自治体にとっては使い勝手のよい貴重な財源となっているのも事実です。

この臨時財政対策債を財政調整財源に組み入れるということは、各特別区の公債発行（借金）の意思にかかわりなく、新大阪府が特別区全体の臨時財政対策債の発行を決定し、それを強制的に配分するということになります。特別区の財政は、中核市云々という以前に、一個の独立した自治体とすらみなされていないのです。その分、特別区への新大阪府の財政支配が強まっていくことになります。

なお、一月三一日開催の第一三回法定協議会で、この臨時財政対策債について、他の市町村と同様に特別区が発行する方向で、国と協議しているとの報告が事務局からありました。しかし、新大阪府と特別区間の財政調整財源となる地方交付税の一部である臨時財政対策債を取り出して、特別区ごとに発行させるといっても、本当に各特別区の裁量が働く仕組みとなるのでしょうか、はなはだ疑問です。

大阪の財政調整は東京都区とは根本的に異なる

東京では、都心区からあがる潤沢な財源を分け合う（山分けする）都区間の財政調整制度が、東京都にとっても都心区を除く大部分の特別区にとっても、ともに求心力となっています。さらに、それは地方交付税を東京都に交付しないですむ国にとっても好都合な規定です。東京都と特別区の間ではそれでも毎年度財源配分をめぐる交渉が「都区協議会」で繰り返されています。この都区協議会は「第二都庁」と言われ、密室での協議ですので、問題のある制度です。そのことはさておくとして、潤沢な財源の分配（山分け）をめぐる交渉であり、当事者間に余裕財源を山分けする共通利益が存在するという、あくまでも安定的な枠組みのなかでの交渉なのです（なお、制度設計案でも、大阪版「都区協議会」が提案されていますが、第5章で、東京都区協議会を参照しながら、大阪版「都区協議会」の問題点を論じています）。

ともあれ、数千億円もの地方交付税に頼る貧しい大阪で、ともに財政に余裕がない新大阪府と特別区間で起こるであろう財源の奪い合いは、東京都区とはまったく様相の異なる光景になると予想されます。特別区は公選の区長と議会をもつわけですから、そこでは、少ない財源の確保とその分配をめぐって不安定な紛争が絶えず起こる可能性があり、安定した制度運営など極めて困難であろうと思われます。

いずれにせよ、前述したように、基礎自治体の主要税源を奪うことで新大阪府が財布のひもを握り、地方交付税にくわえ借金である臨時財政対策債についても新大阪府が特別区をコントロールし続けることになることは明らかです。

二　財産・債務の承継をめぐる問題

特別区の財政調整財源の四割が借金返済に

廃止する大阪市の財産と債務の承継についても多くの問題があります。まず、発行済みの大阪市債の承継と償還の問題からみてみます。

発行済みの大阪市債（既発債）の償還は、事務分担案をベースに仕分けられ、新大阪府と特別区が三〇％対七〇％の割合で負担するとしています（**図表10**参照）。ただし「債権者保護の観点」から、新大阪府で既発債を一元的に承継して償還するとしており、そのため既発債管理のための特別会計を新設するとしています。なお、新大阪府と特別区のそれぞれの負担額（年額）は、二〇一一年度決算ベースのシミュレーション数値では、新大阪府七二一億円、特別区一四九五億円、計二二一六億円と見積られています。

図表10　公債費について

法定協議会資料

◆ 財政調整財源の配分割合は、新たな広域自治体24％、特別区76％となっているが、その内数として発行済の大阪市債（既発債）に係る新たな広域自治体と特別区の公債費が含まれている。
◆ 既発債の残高を新たな事務分担（案）をベースに区分すると新たな広域自治体30％、特別区70％
◆ 既発債の公債費は、30：70の割合で財政調整財源からそれぞれ負担。ただし、新たな広域自治体で既発債を一元的に承継して償還を行うため、公債費に係る財政調整財源は、特別区の負担分も含めて新たな広域自治体に配分し償還
◆ 既発債の公債費は毎年減少し、この減少分に充てていた財源は、財政調整財源として新たな広域自治体と特別区に配分（新たな起債の償還や独自施策などの財源に充当可能）
※ 臨時財政対策債など地方交付税措置されている起債については、償還の終了に伴い地方交付税措置もなくなることから、この部分は活用可能な財源には振り替わらない

◆H23年度末市債残高の内訳　（億円）

区分			新たな広域自治体	特別区
普通債	まちづくり・都市基盤整備	14,859	7,344	7,515
	うち道路・橋りょう・街路	3,923	1,246	2,677
	住宅	2,497	0	2,497
	鉄道	2,707	2,554	153
	港湾	2,048	2,048	0
	公園	1,381	574	807
	教育	1,487	99	1,388
	うち幼稚園・小中学校	1,227	0	1,227
	消防・防災	312	204	108
	産業・市場・都市魅力	1,410	845	565
	うち文化・スポーツ施設等	725	219	505
	健康・保健・環境（一般廃棄物施設等）	806	0	806
	こども・福祉老人福祉・生活福祉等）	449	0	449
	住民生活・自治体運営（本庁舎・区庁舎等）	387	0	387
	計	19,710	8,492	11,218
その他	臨時財政対策債・減収補てん債等	8,537	0	8,537
計		*28,247*	*8,492(30％)*	*19,755(70％)*
対象から除外	H 26年度までに廃止・償還満了等	31	－	－
合計		28,278	－	－

新たな事務分担（案）をベースに新たな広域自治体と特別区に分類

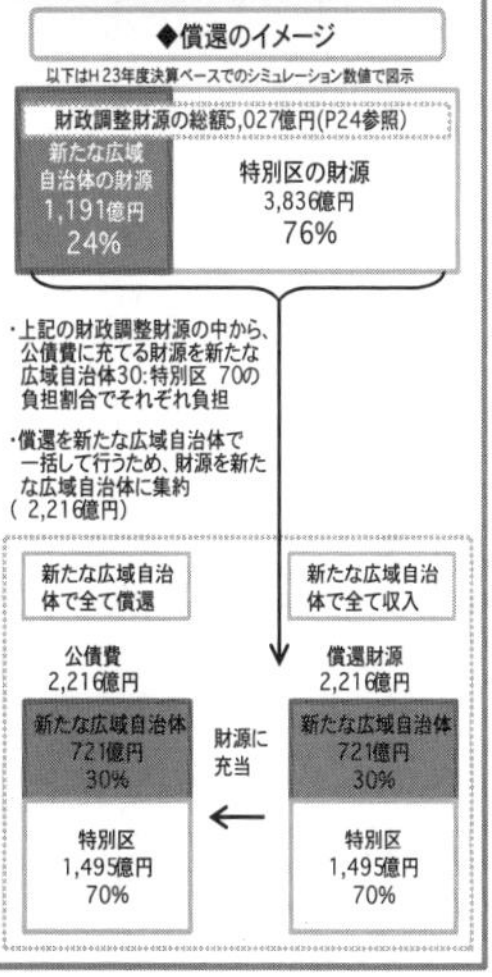

　市債（既発債）は、本来、事務分担に沿って新大阪府と特別区の負担割合（額）を決め、特別区が負担すべき分については、さらに、その要因となった公共施設等の立地や機能に基づいて各特別区が償還すべき債務と、特別区が共同で償還すべき債務に振り分ける必要があります。しかし、設計案はそうした作業を一切しておらず、特別区負担分をただ単に各特別区に人口按分で振り分けていたという事実も、法定協議会の審議のなかで明らかになりました。特別区それぞれが本来

償還すべき債務を明らかにすると、制度設計上不都合な事実でもあるのでしょうか。

傷口が開いたままの大阪府財政

昨年のブックレットでも触れましたが、大阪市の地方債残高は四兆九千億円余（全会計ベース・二〇一二年度末）、いっぽう大阪府の地方債残高も六兆二千億円余と、府・市ともに巨額の債務をかかえています（図表11参照）。しかも、大阪市は橋下市政のはるか前の二〇〇五年度をピークに借金を減少させていますが、大阪府の借金は一貫して増加の一途です。このなかには国が地方交付税で穴埋めすると約束する臨時財政対策債が含まれており、府はこれを除けば借金は減っていると主張しています。しかし、前述したように、臨時財政対策債はあくまでも借金であり、総額一千兆円もの借金地獄にあえぐ国の口約束を信じて、借金を重ねる事態はあまりにも危険すぎます。しかも、過去の借金返済のために新規に借金（借換債）をするという状況が続いているのです。

大阪府は、二〇一二年度の決算値で、財政規模に占める借金返済の割合（過去三年間の平均）を示す実質公債費比率が、二年連続して一八％を超え、新規の地方債発行に総務大臣の許可が必要な「起債許可団体」になっています。さらに、府が二〇一三年二月に試算した財政収支の推計でも、過去の借金の返還で今後もその比率は上昇し、二〇一八年度には実質公債費比率が二五％を超え、「財政健全化団体」になることが危ぶまれています。

要するに大阪府の財政は傷口が開いたままなのです。その傷口は府自らがふさぐ努力を続ける以外にないはずですが、府市統合して〝借金散らし〟を目論もうというのでしょうか。

図表11　府債・市債残高の推移（全会計）　単位：億円

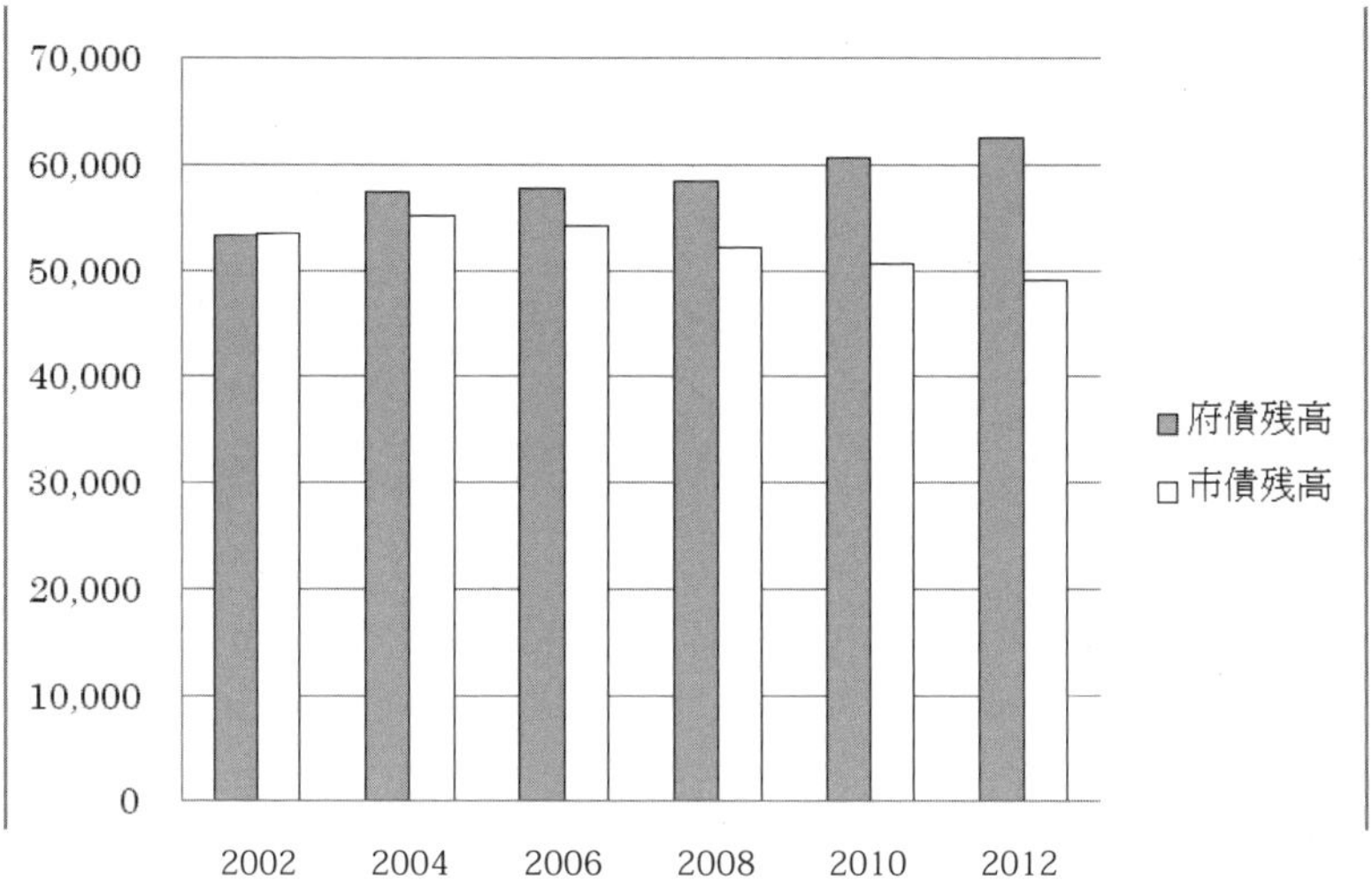

出典：大阪府・大阪市の決算資料をもとに作成

こうした危機的な府財政の状況にもかかわらず、制度設計案では、大阪府の巨額の負債について、まったくもって触れられていないというのも解せません。

もちろん大阪市の財政も厳しい状況にあります。二〇一二年度の決算見込み数字では、ほぼ一〇年前の二〇〇三度と比較して、人件費は三割減、投資的経費に至っては六割減となっていますが、生活保護をはじめとする扶助費が五割増と歳出総額の三割を占めるまでに膨らんでおり、その結果、経常収支比率が一〇〇を超えるなど、財政構造の硬直化が顕著です。いずれにせよ、財政危機を乗り越えるのに近道はなく、府・市ともに積極的に財政情報を公開しながら、行財政改革の施策を一歩一歩着実に積み上げていく以外に道はないのです。

財産の承継で特別区間に大きな格差が

財産の承継については、**図表12**のように、住民サービスのために使う行政財産は事務分担案にそって仕分けられ、たとえば小中学校や市・区役所の庁舎、地域公園などは特別区が承継し、中央図書館や中央体育館、斎場、清掃工場などは一部事務組合が承継、市立高校、美術館・博物館、大規模公園、消防署、中央卸売市場、港湾、下水道などは新大阪府に無償で所有が移ることになります。

また、地下鉄や水道など、公営企業の財産・債務については、民営化等の動きを踏まえ、個別に検討するとしています。

いっぽう小学校跡地など利用計画がない財産（普通財産）については、所在地の特別区が承継するとしていますが、その結果、特別区間で大きな格差が生じることになります。

たとえば、五区への分割案（北・中央区分離）で、特別区別の財産の承継の姿をみますと、市民一人当たりの普通財産が、Ｂ区（此花・福島・港・大正・西淀川・住之江区）で一二万五千円であるのに対して、Ｃ区（城東・東成・生野・旭・鶴見区）ではわずか五千円しかなく、二五倍もの格差が生じています。

普通財産の格差問題は、設計案自体が「格差を埋める仕組みの検討が必要」と認識し、法定協議会でも重大な問題として議論されていますが、土地などの不動産だけに、分割された特別区にいったん承継されてしまうと解決策がないのが実情です。

図表12　財産・債務の承継の全体概要

(1)　財産・債務の承継について（一般会計・政令等会計）

（財産の承継について）

区分	承継ルール		備考
行政財産	行政執行に直接使用する財産。住民サービスの適切な承継を重視	新たな事務分担(案)に基づき、財産の所在特別区(一部事務組合含む)や新たな広域自治体に承継	小・中学校、幼稚園、保健所、道路、公園　など
普通財産等	行政執行への寄与は間接的。市民が築いた財産であることを重視	所在特別区(同上)に承継 新たな広域自治体には、新たな事務分担(案)等に密接不可分なものに限定	施設の跡地、株式、債権　など

（債務の承継について）

区分		承継ルール		備考
債務負担行為	確定債務	契約等は各事業と密接不可分	新たな事務分担(案)に基づき承継	図書館、公園の工事などで複数年度にわたる契約
	偶発債務	外郭団体等の資金調達への与信は、市と同等の与信能力のあるものに承継	新たな広域自治体に承継	債務保証、損失補償
地方債		債権者保護の観点、市場秩序の維持に留意	新たな広域自治体に承継し、償還	償還財源は財政調整財源等で負担

法定協議会資料

(2)　財産・債務の承継について（準公営・公営企業会計）

法定協議会資料

区分	事業	承継ルール
準公営企業	中央卸売市場事業 港営事業 下水道事業	新たな事務分担(案)に基づき、会計ごと新たな広域自治体に承継
公営企業	自動車運送事業(バス)	「バス事業民営化基本プラン(案)」(　H25年5月)を策定 ・地下鉄事業とは完全分離し、民間バス事業者へ路線譲渡 (目標年度:H26年度) ⇒　路線譲渡の中で債務を処理
	高速鉄道事業(地下鉄)	「地下鉄事業民営化基本プラン(案)」(　H25年5月)を策定 ・株式会社を設立し、上下(運行・運営、施設保有)を一体的に経営 ・当面、100%大阪市出資の会社とし、将来的な完全民営化をめざす (目標年度:H27年度) ⇒　新会社の株式は、株式の承継ルールに沿って特別区に承継
	水道事業 工業用水道事業	公営企業としての改革は進めつつ、経営形態の変更(民営化)の検討を進めることとしている(H25年秋ごろに検討結果のとりまとめ予定) (目標年度:今後明確化) ⇒　財産・債務の取扱いは、民営化検討の中で整理
	市民病院事業	地方独立行政法人へ移行予定 (目標年度:H26年度) ⇒　法人への出資は、病院事業と密接不可分なものとして、新たな事務分担(案)に基づき新たな広域自治体に承継

新たな広域自治体に承継する準公営・公営企業関係の地方債の償還財源は　各企業が負担

また、大阪市は現在、予算編成の際に毎年度三〇〇億円程度の収支不足が続いており、人件費削減や不用地等の売却代などを補てん財源として活用しながら、何とかやりくりして予算編成している実態があります。そうした収支不足が今後一〇年程度は続くものと見込まれていますが、分割された特別区によっては、売却によって、普通財産が数年で枯渇してしまうところも出てくるのではないでしょうか。

なお、後述する財政シミュレーション（二〇一三年一二月）に関連して、当初の制度設計案で所在地の特別区が承継するとしていた普通財産について、その大部分を特別区共同で管理・活用し（管理主体は一部事務組合）、その売却益を各特別区へ人口割りで配分するという重要な変更をおこないました。そうでもしなければ移行当初から予算も組めない特別区が出現するからでしょうが、そこまでして特別区へ分割・移行しても数年で資産は枯渇してしまい、早晩ほとんどの特別区が財政的に行き詰ることが極めて高い確率で予想されます。

三　財政シミュレーション（財政予測）をめぐって

つくられた収支均衡と黒字化

二〇一三年一二月六日に開催された第一〇回法定協議会において、特別区に分割後の財政収支の見通しが不明確との指摘を受けて、財政シミュレーション（財政予測）が事務局から提示されました。

財政シミュレーションによれば、五区への分割案の方が七区への分割案よりも財政的に有利となっています。しかし、シミュレーションをするまでもなく、五区案（設計案は分割時点で事務職員が五〇〇人余不足すると試算）が、七区案（同じく二二〇〇人余不足と試算）より有利であることは最初から明らかで、実際、この財政シミュレーションでも人件費の多寡が大きな決め手となっています。

さて、有利とされる五区（北・中央区分離）案の財政シミュレーションをみると（**図表13**参照）、特別区移行八年目の二〇二二（平成三四）年度に収支不足が解消して黒字に転じ、その後も黒字が継続するとしています。しかし、この二〇二二年度における黒字化は、ご覧のように、土地売却益や地方債の活用、新大阪府からの財政措置、さらには、これまでは年度ごとの予算編成の際に取り崩すことがなかった財政調整基金（さまざまな財務リスクに対応するため大阪市が貯蓄してきた基金で、財務リスクの管理とともに新大阪府が承継するとしている）まで取り崩して特別区へ貸付する（借金させる）ことで、収支均衡をつくり、黒字化するように数字を操作したというのが正確でしょう。

また、財政シミュレーションには、地下鉄民営化やごみ収集の民営化など府市統合とは直接関係のない経費の削減、市政改革プランによる節約効果、移行後の特別区における職員削減など、極めて不確実、不確定な要素を多く含むリストラの予定額（特別区の職員削減は移行後一五〜二〇年間に及ぶ計画）が、再編効果額として〝大盛りに〟盛り込まれていることにも留意が必要です。

図表13　財政シミュレーション（特別区全体）　法定協議会資料

試案3（5区　北・中央区分離）

- ◆ H31年度まで約170～290億円の収支不足が続くが、H34年度には収支不足が解消
- ◆ H45年度の単年度収支では、約220億円のプラス
- ◆ 再編効果は、H28年度にコストを上回り、H45年度には約250億円のプラス

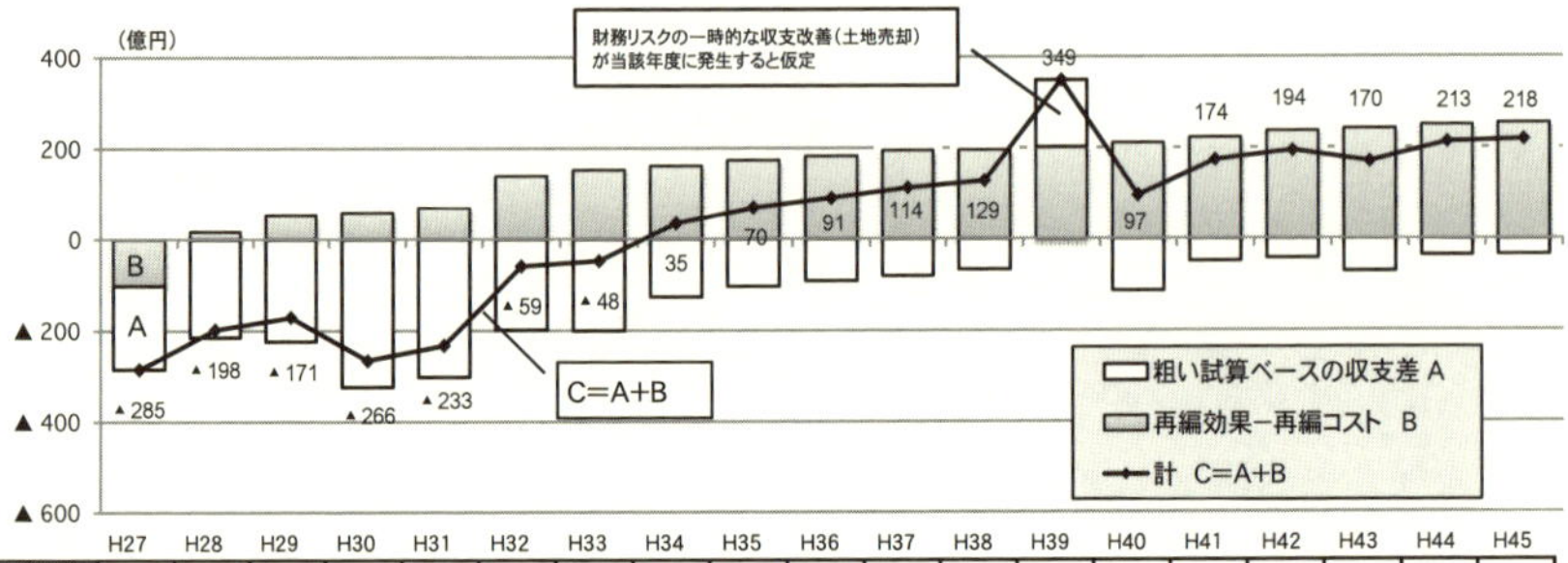

	H27	H28	H29	H30	H31	H32	H33	H34	H35	H36	H37	H38	H39	H40	H41	H42	H43	H44	H45
粗い試算ベース A	▲183	▲215	▲224	▲324	▲302	▲199	▲201	▲127	▲104	▲92	▲81	▲67	147	▲114	▲49	▲43	▲72	▲37	▲36
再編効果コスト B	▲102	17	53	58	69	140	153	162	174	183	195	196	202	211	223	237	242	250	254
計 C	▲285	▲198	▲171	▲266	▲233	▲59	▲48	35	70	91	114	129	349	97	174	194	170	213	218

財源対策後

- ◆ 収支不足に対しては、各年度とも財源対策により対応が可能
- ◆ 財源活用可能額は、H34年度以降に発生し、H45年度では約210億円（累計で約 1,400億円）

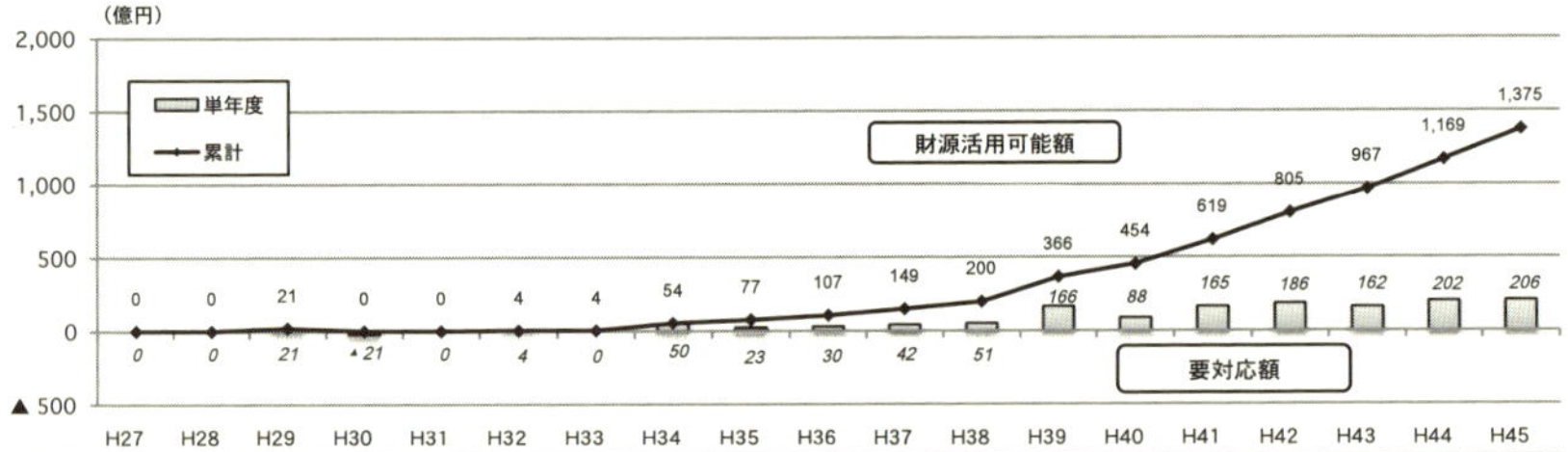

	H27	H28	H29	H30	H31	H32	H33	H34	H35	H36	H37	H38	H39	H40	H41	H42	H43	H44	H45
土地売却	130	130	140	140	0	0	0	0	0	0	0	0	0	0	0	0	0	0	0
地方債の活用	30	29	29	28	25	23	▲10	▲12	▲13	▲15	▲15	▲13	▲11	▲9	▲9	▲8	▲8	▲11	▲12
広域からの財政措置	13	14	23	23	28	38	41	44	1	0	0	0	0	0	0	0	0	0	0
財政調整基金の活用	112	25	0	54	180	2	17	▲17	▲35	▲46	▲57	▲65	▲172	0	0	0	0	0	0
計 D	285	198	192	245	233	63	48	15	▲47	▲61	▲72	▲78	▲183	▲9	▲9	▲8	▲8	▲11	▲12

※　このほか財源対策として、特別区が保有する株式の活用なども考えられる

	H27	H28	H29	H30	H31	H32	H33	H34	H35	H36	H37	H38	H39	H40	H41	H42	H43	H44	H45
収支合計 E =C+D	0	0	21	▲21	0	4	0	50	23	30	42	51	166	88	165	186	162	202	206
財政調整基金残高の推移	964	939	939	885	705	703	686	703	738	784	841	906	1,078	1,078	1,078	1,078	1,078	1,078	1,078

区割り案の絞り込み

新聞報道によれば、財政シミュレーションを受けて、橋下市長と維新の会は、区割り案を五区（北・中央分離）案に絞り込みたい意向であるといわれています（**図表14**参照）。

五区への分割案（北・中央区分離）とは、大阪市を解体し、A区（都島・北・淀川・東淀川）、B区（此花・福島・港・大正・西淀川・住之江）、C区（城東・東成・生野・鶴見）、D区（阿倍野・住吉・東住吉・平野）、E区（中央・西・天王寺・浪速・西成）の五区に分割する案ですが、E区は人口四〇万人超、他の四区も人口五〇万人を超えるなど、いずれも大規模な特別区となります。

なお、二〇一四年一月三一日開催の第一三回法定協議会で、区割り四案を一案に絞り込んで議論したいとの橋下市長の提案に対して、維新の会を除く、公明、自民、民主（み

図表14　区割り案　5区（北・中央区分離）　　法定協議会資料

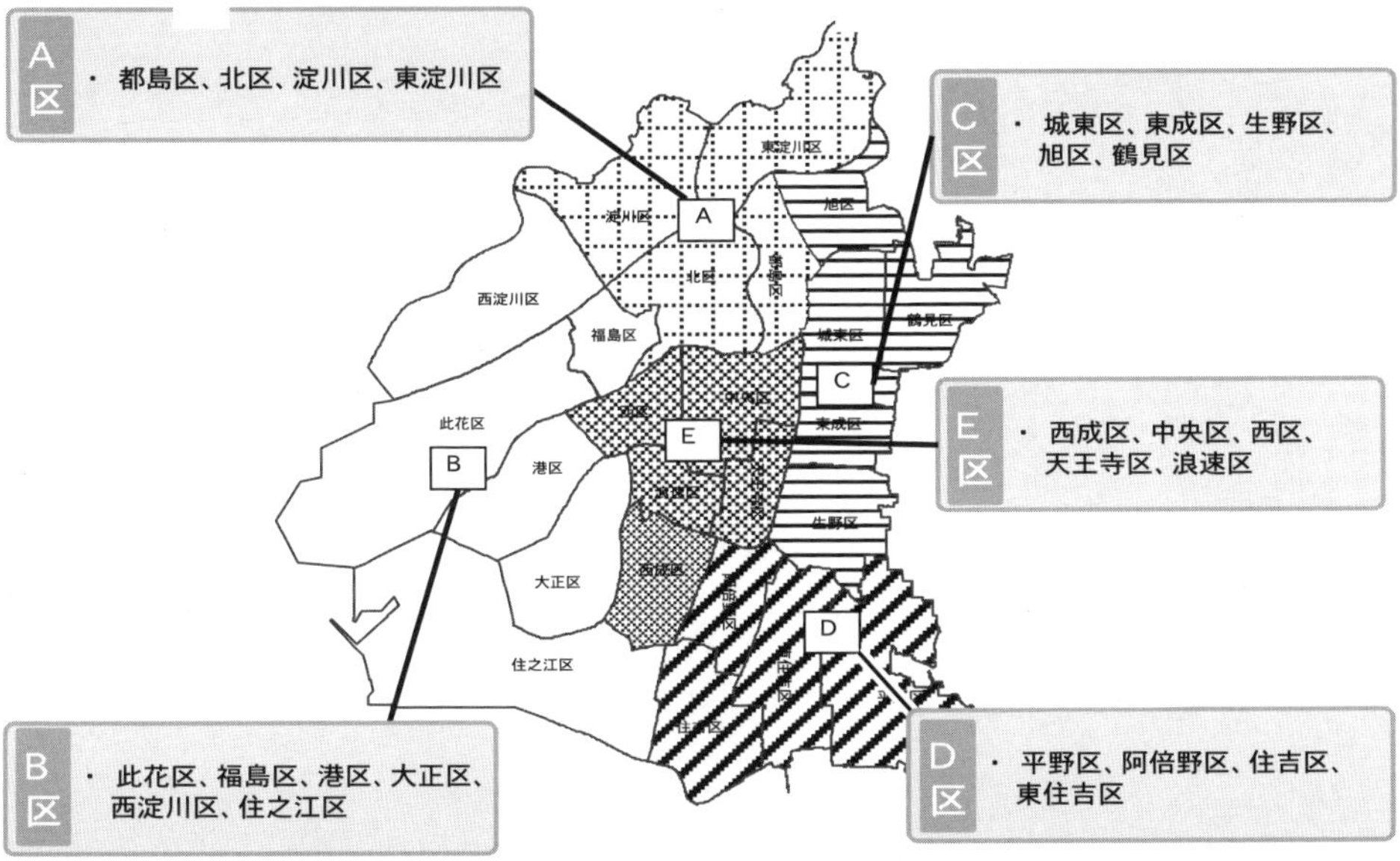

らい）、共産の各委員が「区割り案以前の問題が未解決」などと反対を表明し、この段階での絞り込みは見送られました。

情報システム改修をめぐっても問題が

財政シミュレーションに関連して、情報システムについて、「事務の執行に必要な情報システムについては、各特別区で保有・管理することが原則」「ただし、新たな大都市制度移行時においては、住民生活に密接に関連する住民情報系七システムに限り、一部事務組合で保有・管理」としていた当初の案から重要な変更が加えられています。すなわち、当初の住民情報系七システムに加えて、その他一四〇システムについても特別区の共通利用とし、一部事務組合がその管理主体となるという変更です。その結果、現在大阪市で維持管理するほぼすべての情報システムが一部事務組合に移行、管理されることになります。

情報システムの更新経費の試算にも問題があります。たとえばその他一四〇システムの更新経費について、共通利用と仮定したケースで、再試算では、イニシャルコスト・ランニングコストともに当初の試算より数十億円という、誤差の範囲を超えた大幅なダウンとなっています。当初の試算がいい加減であったのか、大幅ダウンの理由はよくわかりませんが、たいへん不可解なことではあります。

なお、二〇一四年秋以降に始まると想定される情報システムの改修・更新時期が、二〇一三年に法制化されたマイナンバー制度に対応したシステムの構築の時期と重なるという問題もあります。マイナンバー制度は、国民一人ひとりに番号を割り振って所得や納税実績、社会保障に関する個人情報を一つの番号で管理しようとするものです。この制度の運用の最前線となる全国の自治体で、二〇一八年度の制度スタートに向けて、そのシステム改修・構築作業が二〇一四年度からはじまり、二〇一五～一六年度に作業のピークを迎えるといわれているのです。

マイナンバー制度構築にむけて、システムエンジニア（ＳＥ）が全国的に不足し、改修・構築費用も高止まるなど、現在すでに多くの問題が指摘されていますが、大阪では、特別区移行のための情報システム改修時期がこれとまったく重なりますので、さらなる混乱が生じることになるのではないかと懸念されます。

実態が限りなく大阪市役所に近づく「一部事務組合」とは？

また、前述しましたが、各特別区が承継するとしていた普通財産について、その大部分を特別区共同で管理・活用すると変更されたことに伴い、その事務を一部事務組合が担うと変更され、さらに、住民情報系七システムに加えて、その他一四〇システムについても特別区の共通利用とし、一部事務組合がその管理主体となるという変更もされました。

その結果、特別区によって新たに設立される一部事務組合には、当初の制度設計案で示された、国民健康保険と介護保険事業を担う事業部門、住民情報系七システムを共同管理・処理するシステム管理部門、児童福祉施設などの福祉施設、中央図書館や中央体育館などの市民利用施設、救急診療所や斎場・霊園などを管理する施設管理部門に加えて、普通財産を共同管理・活用する部門、その他一四〇システムを共同管理・処理する部門（現行大阪市の情報システムのほぼすべてが一部事務組合へ移管）も加わることになります。

新設される一部事務組合は、これらの相互に関連がない多種多様な事務を担って、実態としてさらに大阪市役所に近づくことになります。大阪市を解体し特別区へ分割しようとしても、結局、特別区の共通事務を共同処理する巨大な一部事務組合が必要だということになりますが、それって一体どういうことなのでしょうか。

コラム5

家庭系ごみ収集輸送事業の民営化

先送りが決定

府市統合本部会議は 2012 年 6 月、2014 年度中の家庭系ごみ収集事業の民営化の方針を決定しました。この方針の下に設置されたプロジェクトチームは 2013 年 4 月、民間事業者に対するマーケットサウンディング (市場調査) を実施したうえで、「家庭系ごみ収集輸送事業の経営形態変更に係る方針 (案)」を取りまとめ、2013 年 11 月の事業者公募に向けた検討を進めてきました。新しい経営形態は、民間出資の新会社 (株式会社) が事業を担うこととされ、公募型で新会社の設立主体となる事業者を選定する、会社設立当初から 5 年間は事業を随意契約する、5 年経過後完全民間開放し、競争入札により事業者選定を行う、新会社は当該事業に従事する現員相当数の市職員を現行の賃金労働条件で正規雇用する、新会社は現行環境事業センター数の 11 を上限に、最適な設立数を求める、というものです。

その後、11 月の公募に向けて再度のマーケットサウンディングを行い、その結果を10月に公表しましたが、事業者と大阪市の溝は深く、事業者からは「ビジネスモデルとして利益率が低いいっぽうで、初期投資負担や入札リスクが大きく、参加できる事業者は限定的になる」との意見も出されています。

プロジェクトチームでは公募要件に関する非公開での会議を重ねてきましたが、当初公募時期とされた 11 月までには結論に達せず、大阪市は公募時期を2014年2月頃まで先送りすることを決定しました。

いっぽう、焼却工場は市内に偏在していて、単独の特別区が所管することは困難です。大阪市は八尾市、松原市と一部事務組合を設置する方針ですが、焼却工場の運営を市民が直接コントロールできないうえに、費用負担をはじめ複数の特別区、八尾市、松原市の間で調整すべき事項が多岐にわたり、ごみの焼却処理事業はますます市民から遠ざかってしまうことになります。そのため市会でもこの一部事務組合設置の議案は継続審議となっています。

コラム6

水道事業の民営化

民営化そのものの是非が問われる

大阪広域水道企業団と大阪市水道事業の統合については、大阪市の資産を無償で企業団に譲渡する形での水道事業統合素案が2013年5月24日の市議会で否決され、頓挫しました。これを受けて橋下市長は、企業団への統合協議はいったん中止することとし、経営形態の変更(民営化)について検討を行うことを指示しました。

大阪市は同年11月11日、大阪市が100%出資する新会社を設立し、30年間の運営権のみを売却する「上下分離方式」による民営化案の素案を決定しました。水道局職員1600人の大半を新会社に移管する方針で、大阪市は民営化後も水道施設を保有し、水道料金の上限額を定めることとしています。橋下市長は民営化にあたって値下げの検討を指示し、大阪市は12月26日に基本料金100円値下げ、10t以下の従量制導入案をまとめ、関連議案を2014年秋の市議会に提案するとしています。市営交通民営化同様、「値下げ」を人質に市議会での反対論、慎重論に圧力をかけようとする姿勢がうかがえます。

そもそも自治体の水道事業の包括的な民営化は全国でも例を見ないものです。海外でも、水ビジネスの多国籍企業が、いったん受注した後に他の企業が参入できない状況を作り出し、段階的に値上げしていく戦略が問題となっています。パリ市が2008年、水道料金の高騰と漏水率の上昇など技術の劣化に怒り、民営化されていた水道事業を再公営化したのは有名な話です。また素案は将来的に他の自治体からの受注もめざす考えを盛り込んでおり、周辺自治体への影響も懸念されます。

水道事業は住民のまさに命にかかわるライフラインです。経営形態の如何を問わず、水の安全の確保という自治体責任は免れず、民営化そのものの是非が問われる課題です。市は新会社の経営状態を確認し業務改善指示や運営権取り消しができるとしていますが、そもそもこうしたリスクが想定される民営化が必要なのか、今後とも、市議会での慎重な審議が求められます。

第五章　大阪版「都区協議会」の問題点

一　大阪版「都区協議会」案の考え方

周知のように、東京都には東京都側と特別区側との間で、主に財政調整に関して協議をおこなう組織として「都区協議会」が設置されています。それにならい、制度設計案では大阪市廃止後の新大阪府と特別区との協議組織として、大阪版の都区協議会を提案しています。まず、その基本的な考え方を示します（**図表15**）。

東京の都区協議会と比較して、大阪版の「都区協議会」のポイントは三つあります。一つは、新大阪府と特別区を「対等協力」の関係にするため、特別区の考え方がより反映されやすい特別区重視のための制度にしたいとうたっています。二つ目は、現行の東京の都区協議会は、東京都と特別区で主張が分かれる場合、最終的に都の主張で決定しているため、大阪では特別区の意見がより多く反映されるようにすべきであるとしています。三つ目は、双方の合意形成の工夫とし

図表15　大阪版「都区協議会」の基本的な考え方　法定協議会資料

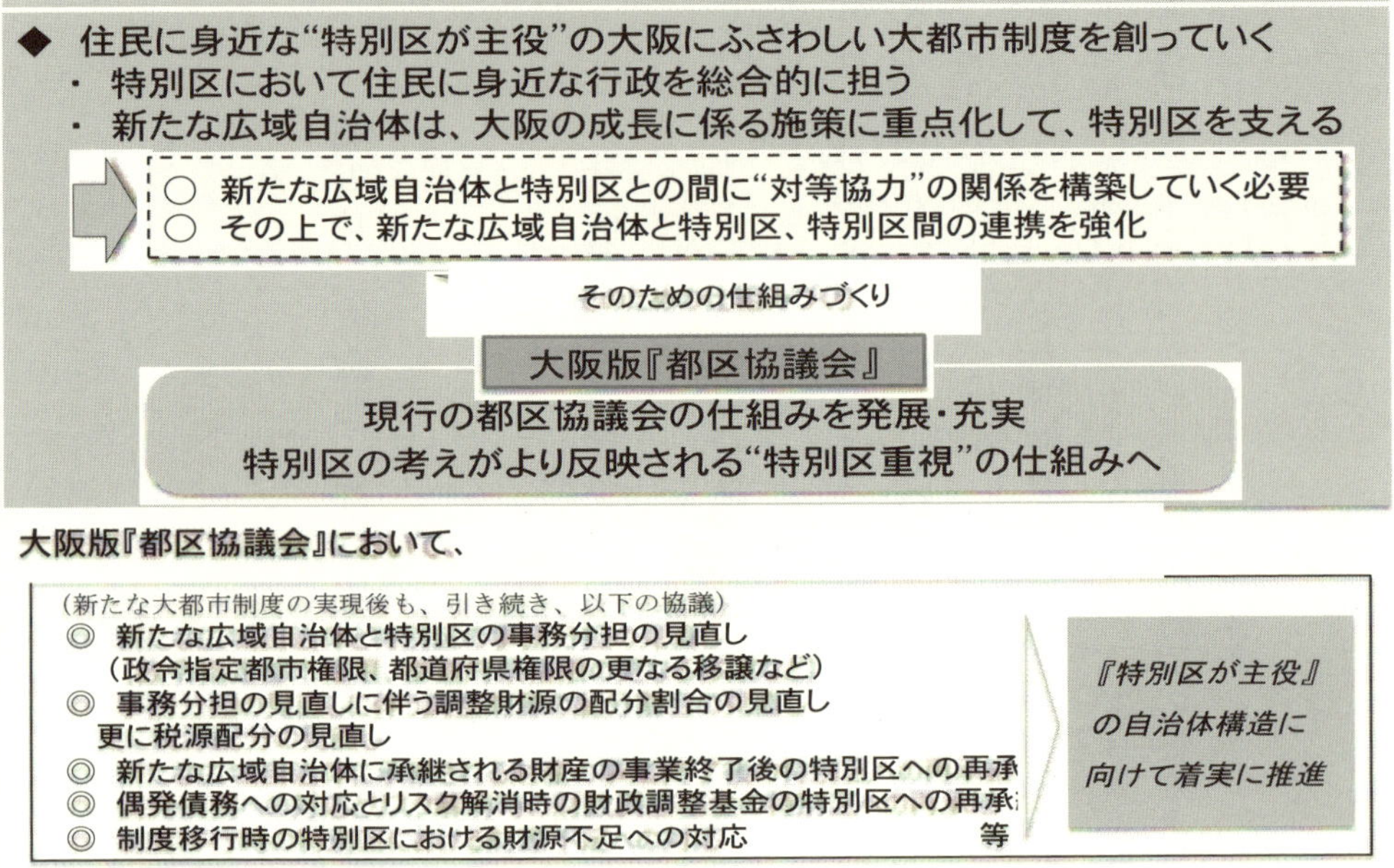
◆ 住民に身近な“特別区が主役”の大阪にふさわしい大都市制度を創っていく
・ 特別区において住民に身近な行政を総合的に担う
・ 新たな広域自治体は、大阪の成長に係る施策に重点化して、特別区を支える
○ 新たな広域自治体と特別区との間に“対等協力”の関係を構築していく必要
○ その上で、新たな広域自治体と特別区、特別区間の連携を強化
そのための仕組みづくり
大阪版『都区協議会』
現行の都区協議会の仕組みを発展・充実
特別区の考えがより反映される“特別区重視”の仕組みへ
大阪版『都区協議会』において、
（新たな大都市制度の実現後も、引き続き、以下の協議）
◎ 新たな広域自治体と特別区の事務分担の見直し
（政令指定都市権限、都道府県権限の更なる移譲など）
◎ 事務分担の見直しに伴う調整財源の配分割合の見直し
更に税源配分の見直し
◎ 新たな広域自治体に承継される財産の事業終了後の特別区への再承
◎ 偶発債務への対応とリスク解消時の財政調整基金の特別区への再承
◎ 制度移行時の特別区における財源不足への対応　等
『特別区が主役』
の自治体構造に
向けて着実に推進

て、有識者によるあっせん機関等の設置も選択肢としてあるとしています。しかし、現行の都区協議会に関する法令の規定や運営状況などを考えますと、その実現可能性は極めて低いことがわかります。

二　東京都区協議会との比較

東京の都区協議会は、高度に集中する大都市地域における行政の一体性及び統一性の確保を目的とする都区制度の趣旨に従い、財政調整についての意見具申や事務処理などの連絡調整を密にするために、地方自治法に規定された協議組織です（地方自治法二八二条の二）（**図表16参照**）。

つまり現行の東京の都区協議会は都区間の一体性・統一性を確保するため、協議・連絡調整を図るための行政組織です。大阪

図表16　東京における都区協議会の現状

法定協議会資料

（位置づけ）法定協議会

地方自治法

第282条の2　都及び特別区の事務の処理について、都と特別区及び特別区相互の間の連絡調整を図るため、都及び特別区をもつて都区協議会を設ける。

2 前条第１項又は第２項の規定により条例を制定する場合においては、都知事は、あらかじめ都区協議会の意見を聴かなければならない。

地方自治法施行令

第210条の16　都区協議会は、地方自治法第２８２条の２第２項の規定による意見を述べるほか、都及び特別区の事務の処理について、都と特別区及び特別区相互の間の連絡調整を図るために必要な協議を行う。

（会長）都知事

（協議会設置時に政令で会長＝都知事と規定。平成11年度の改正時に会長は委員互選とされたが、引き続き知事が会長に就任）

（委員構成）　16名（都側委員　8名、区側委員8名）

（組織）　協議会下部に都区財政調整協議会及び都区のあり方検討委員会を設置

（事務局）東京都総務局行政部

（協議会設置時に施行令で東京都が事務局を担う旨規定。平成11年度の政令改正時に同規定が削除されたが、引き続き東京都が事務局）

＜現在の東京の都区協議会の組織体制＞

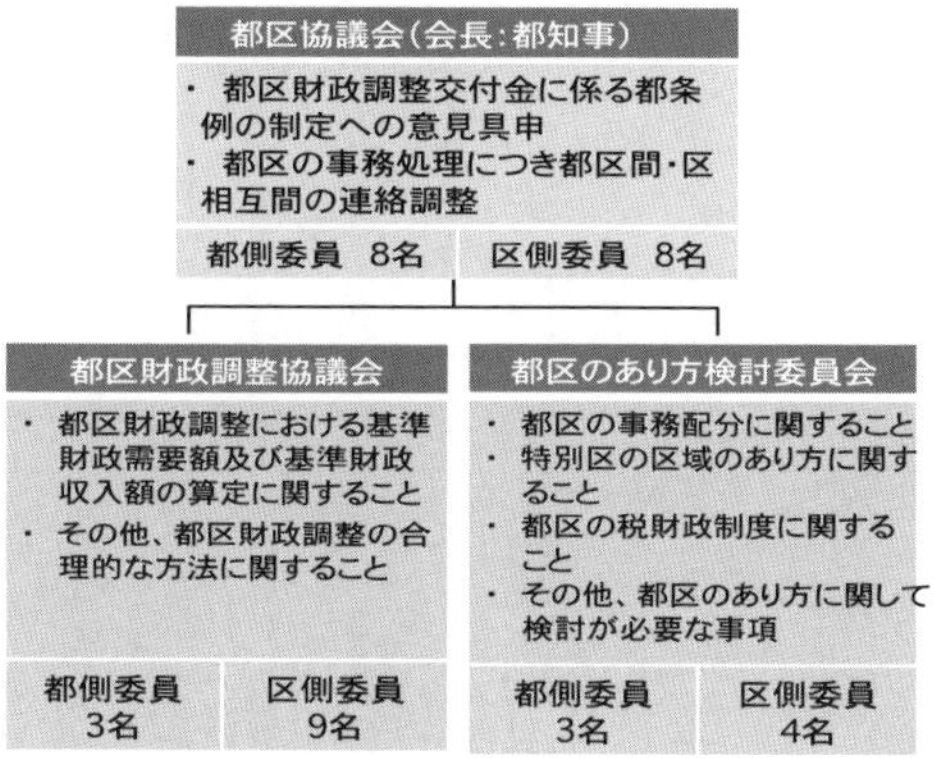
都区協議会（会長：都知事）
・都区財政調整交付金に係る都条例の制定への意見具申
・都区の事務処理につき都区間・区相互間の連絡調整
都側委員　8名
区側委員　8名
都区財政調整協議会
・都区財政調整における基準財政需要額及び基準財政収入額の算定に関すること
・その他、都区財政調整の合理的な方法に関すること
都側委員 3名
区側委員 9名
都区のあり方検討委員会
・都区の事務配分に関すること
・特別区の区域のあり方に関すること
・都区の税財政制度に関すること
・その他、都区のあり方に関して検討が必要な事項
都側委員 3名
区側委員 4名

※　都区協議会における協議の状況

＜財政調整の協議＞

- 都区協議会の協議を経て、都区協議会から都知事に意見具申（尊重義務なし）、最終的に都が配分を決定

＜その他の協議＞

- 事務配分について、都区協議会の下に「都区のあり方検討委員会」を設置し協議も目立った進展なし
- これ以外の事項を協議する動きはなし

版都区協議会の制度設計案のように、特別区を重視する仕組みに変えたいのであれば、地方自治法上の改正が必要になります。しかしそうなれば、おそらく東京都が猛反発することが十分予想されます。

また、都区協議会の委員構成についてですが、地方自治法施行令に、「都区協議会は、委員十六人をもって組織し、都知事と都知事が職員のうちから指名する者七人、および特別区の区長が特別区の区長の中から協議により指名する者八人」と定められています。さらに、都区協議会の事務局について、都区協議会運営規定では、「協議会の事務局を総務局行政部に置く、事務局長及び書記を置く」との規定があり、東京都が事務局を担っています。

いっぽう、大阪版都区協議会案では、合意形成の工夫として、協議会への特別区議会の関与（同意）や有識者によるあっせん機関等の設置を検討しています。また、協議会の委員に議員を入れることも選択肢としてあるとしています。しかしながら、現行の都区協議会の委員構成に関する地方自治法施行令の規定に照らせば、これらの案は不可能です。また、委員以外の者の出席についても、委員以外の出席者として「関係ある都または特別区の職員」としています。ここでも、議員や有識者の関与は不可能になっています。繰り返しますが、都区協議会はあくまで行政ベースの協議の場として位置づけられているのです。

大阪版「都区協議会」は、政治の場なのか行政の場なのか

制度設計案では、都区協議会の委員は、自治体行政に責任ある者で構成するとして、全特別区長と知事が想定されています。仮に五つの特別区が設置され、五人の特別区長が都区協議会の委員になったと想定してみましょう。五つの特別区の利害関係はつねに一致するとは限らず、一致しなければ物事が決められず、調整は難航するであろうことは容易に想像できます。そのため、新大阪府知事の調整に依存せざるを得ない事態が増えることになるでしょう。そこで、大阪版都区協議会では、委員に議員、また調停のあっせん役として有識者をくわえることも選択肢としてあり得るとしているわけです。

しかし、大阪版「都区協議会」案は、行政の協議の場と政治的決定の場を混在させて制度設計しようとしています。

議員を委員として加えた場合、議員の数やどの政党の誰を加えるかが問題になってきます。議

員は基本的に党派の利害関係で動きます。そのため、都区協議会の委員として議員を加えるとしても、政争の場がもう一つ増える結果になる可能性が非常に高くなります。仮に、首長が人選し、首長の所属政党の議員が加わった場合、都区協議会の本来の設置目的とは裏腹に、政治目的に利用される可能性もあります。これは有識者についても同様です。

となれば、現行の東京都の場合と同じく、都と特別区で意見が分かれたとき、都区協議会に議員や有識者を入れようが入れまいが、東京都の主張で決定されるのと同じ事態になる可能性が大きいでしょう。新大阪府と特別区が対等な関係になるには、双方の協議の場に、有識者や議員を入れる以前に、特別区間の水平的な調整や合意形成の仕組みの導入が先決ではないでしょうか。

以上の検討から分かるように、制度設計案でうたっている大阪版都区協議会は、現行の東京の都区協議会をモデルにしつつ、それを超えるような試みをしようとしています。そのためには地方自治法の改正が必要ですが、これには、繰り返しますが、東京都が猛反発するはずです。いずれにせよ、大阪版都区協議会の構想は、現行の東京都区協議会の制度構造上の問題を無視した、ないものねだりの案ということになります。

コラム7

南海トラフ巨大地震と行政のリスク管理

南海トラフ巨大地震による被害想定を検討していた大阪府防災会議の検討部会が、2014年1月24日、ライフラインなどの被害想定を公表しました。想定では、被災直後、自宅に帰れない帰宅困難者が最大146万人にのぼり、上下水道は府の給水人口の94%に当たる832万人が断水に見舞われるほか、全体の55%に当たる234万戸が停電、34%の115万戸でガスが供給停止と予測してます。

大規模な断水の原因は、耐用年数の過ぎた老朽水道管が多く、耐震化が遅れていることにもあります。大阪市では2006年からの10年間で1155億円を投じ、耐震化を急ぐ計画を進めていますが、更新できるのは、総延長の1%に過ぎないとも言われています。法定協議会でもぜひ、巨大都市災害に伴うリスク管理と行政責任の問題について議論を深めるべきではないでしょうか。

大規模な震災時には、広域自治体は臨海部と都心部における浸水対策やビル火災・倒壊への対応、あるいは国や他地域との連絡調整に忙殺されると考えられますので、帰宅困難者への対応は基本的に特別区が行うことになります。帰宅困難者への対応は、周辺ベッドタウンにはない、大阪の特別区特有の行政責任だということになりそうです。

しかし、配置数案の算定方法からも明らかなように、特別区の職員体制は、まさに被災時にはその大半が帰宅困難者となる昼間流入人口を、ほとんど考慮していません。したがって、日中に大規模な震災が発生すれば、帰宅困難者に十分な支援を行うことができず、深刻な混乱が生じることが予想されます。

コラム2で指摘した問題とも関連して、制度設計案で提示されている大阪の特別区の職員体制は、震災時の危機管理上、非常に大きなリスクを抱えていることは明らかです。大阪の特別区の職員体制の貧弱さは、大阪市内に通勤する周辺自治体住民にとっても、無関心ではいられない問題なのです。

第六章　特別区設置に伴うコストと効果

特別区の設置とは、現在の大阪市を廃止して五つないし七つの特別区に分割することを言いますが、単純にひとつのものをいくつかに分けておしまいではなく、大阪府に吸収される「自治体のようなもの」を新たに五つないし七つつくるということになります（ここでは橋下市長が強力に推す五区案で話を進めます）。制度設計案がどれほど非合理・非効率でいい加減なものであるかを検証しておりますが、この章ではその「いい加減な制度設計案」によって大阪市を廃止・分割するために、どれほどのコストがかかり、どれほどの効果があると言われているのかを検証します。

一　特別区設置に伴うコスト（試案）の問題点

制度設計案で示された「特別区設置に伴うコスト（試算）」では、基本的な考え方として「イニシャルコスト」と「ランニングコスト」の二つを試算しています。「イニシャルコスト」とは、五つの特別区を設置するにあたり、当初生じると予想される費用のことです。中身としては情報システム改修経費、庁舎の確保に要する経費、移転費用などが想定されています。引越しに例えると、電気やガス、電話やインターネットの開通・開設にともなう初期費用、住む部屋を探す費用、契約して支払う敷金や礼金、引越し業者に支払う作業代金などがそれにあたります。［ランニングコスト］とは、設置された特別区を運営するためにかかる費用のことです。引越しが済んで、実際に生活を始めてから支払う家賃や光熱費などにあたりますが、自治体を運営するためには、このほかに議会経費（議員に支払われる給料等を含む）や各種行政委員会（教育委員会や監査委員、選挙管理委員会等）の運営費なども必要となります。

［イニシャルコスト］：約二八〇億円（単純合算：二八一億円）

a　システム改修費：一四二億円

大阪市では現在一五〇の情報システムが稼働中ですが、これらは特別区が設置する一部事務組合で、改修して共通運用することとなっています。そのほかに、大阪府に移管するシステムの改修費が加えられています。

b　庁舎改修経費：一二五億円

特別区の執務を行う場所については、現在大阪市が保有している庁舎を活用することを基本として、職員の配置案にもとづいて改修するための費用が試算されています。不足するスペースについては、民間のビルを借りることで賄うとしています。

ｃ移転経費：五億円

過去に事務所などを移転した際にかかった費用から試算されています。

ｄその他：九億円

街区表示板や看板等を大阪市から特別区の名称のものに変えるための費用や、広報、備品・消耗品などにかかる費用として計上されています。

【ランニングコスト】：約六〇億円（単純合算：五八億円）

ａ民間ビル賃借料：二三億円

不足した執務スペースをまかなうために借りる民間ビルの賃料です。

ｂ各特別区に新たに必要となる経費：一八億円

議会経費や各種行政委員会を運営するための費用です。ここでは大阪市近隣の中核市五市（豊中市・高槻市・東大阪市・尼崎市・西宮市）が支出している経費の平均をもとに試算されています。

ｃシステム運用経費：一八億円

大阪市で稼働中の一五〇のシステムを、特別区が設置する一部事務組合により共通運用する際にかかる費用と、新大阪府に移管されるシステムの運用にかかる費用です。

図表17　コストの試算(総括表)

法定協議会資料

(1)イニシャルコスト

	項　目	金額(億円)	試算の条件(主な内訳)
イニシャルコスト	システム改修経費	約160～330	■基幹システム(住民基本台帳、戸籍、税務事務、総合福祉、国保等、介護保険、統合基盤、ネットワークシステム)は改修して共通運用 約 80 億円 ■その他約140システム 現行システムを改修して共通利用した場合(A)と、各特別区毎にシステムを構築した場合(B)を試算 A:約　80 億円　B:約　245 億円
	庁舎改修経費	125	■職員体制(案)に基づき、下記配置を前提に庁舎改修経費を試算 ○ 特別区の職員は、各区役所等に配置 不足する庁舎は周辺の民間ビルを賃借 ○ 新たな広域自治体の職員は咲洲庁舎に配置 ○ 一部事務組合の職員は、現市本庁舎に配置 ・区役所等市保有庁舎改修経費　27億円　・咲洲庁舎改修経費　7億円 ・民間ビル賃借執務室改修経費　50億円　・同左　保証金　42億円
	移転経費	5	■過去の移転経費などの実績をもとに試算 ・職員移転経費　2.3 億円 ・職員パソコン等設置費　2.3 億円
	その他	9	・街区表示板　3.6 億円 ・広報関係経費、看板・表示経費、備品・消耗品　など
	合　計	約300～470	

(2)ランニングコスト

	項　目	金額(億円)	試算の条件(主な内訳)
ランニングコスト	民間ビル賃借料	22	■ 区役所庁舎等で不足する執務スペースを民間ビルで賃借(賃料:現行平均) ・民間ビル賃借料増加分　21.9 億円
	各特別区に新たに必要となる経費	18	■各特別区に新たに必要となる経費を近隣中核市5市を例に試算 ・議員報酬、政務活動費　17.0 億円 ・各種行政委員会委員報酬費　0.6　億円
	システム運用経費	約20～50	■基幹システムは改修して共通運用 約 22億円 ■その他約140システム 現行システムを改修して共通利用した場合(A)と、各特別区毎にシステムを構築した場合(B)を試算　A:約　22億円　B:　±0 ■小中学校移管に伴う府経費　1.3　億円
	合　計	約60～90	

【検証のポイント】：根拠不明、粗々にしてタイトな概算

こうして提示されたコスト試算ですが、通して見てみますと、かなり粗い試算が行われていることがわかります。

〝水もの〟のシステム改修費

まず［イニシャルコスト］についてですが、システム改修費は当初の一六〇〜三三〇億円という金額から、特別参与をくわえ再試算を行った結果として約一四〇億円まで下げられました。これを事務局は「約二〇〜一九〇億円減らすことができた」と説明していますが、当初案はシステムを共通運用した場合と各特別区ごとにシステムを構築した場合とに分けて考えられたものであり、再計算は安価で済む共通運用を前提として行われたものですから、上限額のほうは含める必要はありません。つまり、実質的には約二〇億円削減というのが正確な表現ですが、削減額を大きく見せるために詭計を用いたものと言えます。

二〇億円という金額は決して少ない額ではありませんが、「専門家」（特別参与）二名が検討しただけで二〇億円（その計算方法は不明ですが）が減るということは、もともとの計算もかなりざっくりしたものである可能性が高いといえます。積算根拠にもそれはあらわれており、当初案では［基幹システム運用経費三八億円、その他システム運用経費三八億円］となっていたものが、再試算では［基幹システム運用経費三六億円、その他システム運用経費四四億円］となっています。これは額の多寡を問うているのではなく、「システム関連の試算は水ものである」ということなのです。

また、これは現在大阪市で稼働している一五〇システムをそのまま特別区に移行した場合の試算であり、各特別区が個別に行う事業にかかわるシステムについてはアプリケーション（パソコンソフト）で対応可能とされていますが、そのアプリケーションの設計や導入にかかる費用は含まれていません。そもそも、五区で共通のシステムを利用すれば費用負担が減るということであれば、大阪市を分割する必要自体ないのではないでしょうか。

仕事量も職員数も不明な庁舎移転

庁舎改修経費については職員配置案にもとづき計算されていますが、この職員配置案そのものが不安定で不明確です。職員配置案は各特別区と新大阪府の事務分担案により計算されますが、その事務分担案についても、民営化や一部事務組合への移管等、経営形態の変更を前提としており、それらについて市議会での議決がなされていない現状では、振れ幅の大きい推計であることを念頭においておく必要があります。また、仮に提示されている人員数や執務必要面積が正しいものとしても、総額をはじき出すために用いられている改修工事単価や賃借単価は「大阪市事例」というだけで、いつ・どこで・どの程度の範囲を工事したり借りたりしたものなのか、その基準がわかりません。各特別区、地域や業者、時期によって工事単価も賃料も変わってきますし、現在借りることができているものと、これから借りて工事をするのとでは、同一には考えることができないのではないでしょうか。加えて、不足するスペースを賄えるだけの民間のビルがあるかどうかも不明であり、あったとしても大家さんが改修に応じてくれるかどうかもわかりません。改修までこぎつけた場合でも、前述のシステム改修費には民間ビルでの工事費は含まれていませんので、そちらの部分でもさらなるコスト増となることが予想されます。

※つぶやき

職員の移転・配置先として咲洲庁舎が検討されていますが、業務執行のための改修よりも耐震改修をおこなうのが先ではないでしょうか…。

移転経費についても、過去の実績からの試算とされていますが、引越しを経験されたことがある方ならお分かりのように、実際に移動を開始するとあれが足りない、これが必要というものが必ず出てきます。そうした部分まで考慮されているかどうか、提示された数字だけでは不明です。それらはその他費用でまかなうということを想定しているかもしれませんが、思いつくだけでも撤去・退去にかかわる費用や、大がかりな移動をする際には必ず出ることが予想される大量のゴミの処理費用など、まだまだ想定外の費用が出てくることが懸念されます。

※つぶやき

「統治機構」のコストではありませんが、大阪市から五つの特別区に変わることにより、民間には莫大な出費が要求されます。その他経費で見積もられている看板や封筒などの変更は、特別区だけに必要なものではなく、大阪に本社があったり、支社を置いていたり、取引先があるすべての民間企業や団体にも必要となるものです。ほかにも地図や登記簿、銀行口座など、大阪の変更は全国、さらには世界に影響を及ぼすものです。ただ「単に大阪市役所と市議会がなくなるだけ」（橋下市長）ではないのです。

設置のためにまた借金？

計算基準や金額だけの問題には留まりません。そもそもこの「二八〇億円」と見積もられた「イニシャルコスト」は誰が負担するのでしょうか。形としては五区が負担することになるでしょうが、まだ存在していない自治体（的なもの）が起債することはできませんので、現在の大阪市が予算として計上することになります。すなわち議決要件です。大阪市を分割しなければ発生しない借金、大阪市を消滅させるための借金を、大阪市議会がすんなり認めるのでしょうか。

少なく見せる詭計・少なく考えたい歳費

さて、特別区が設置され、いざ業務開始という時点から生じるのが［ランニングコスト］ですが、こちらも［イニシャルコスト］同様、問題が多くあります。まずシステム運用経費についてですが、提示されている一八億円という数字は、特別区（一部事務組合）がシステムを運用した場合の推計経費＋大阪府システム運用経費から、現在大阪市で運用している経費を差し引いた「増加分」のことです。実際には、特別区九六億円＋大阪府三億円―大阪市八二億円＝一八億円なのです。そして特別区の九六億円という数字の根拠は示されていません。［イニシャルコスト］同様、これも実態に即した数字ではなく、額を少なく見せるためのトリックといえます。

※つぶやき

大阪市から特別区へ分割される際、総事業数や総予算額については「ただ移行するだけなので増減がない」とされていますが、少額とはいえここで挙げられている数字は「増加分」ではないでしょうか。揚げ足をとっているのではありません。システム改修費「だけ」でも増加分があるのに、全体として増減がないなどということはあり得ないと思いませんか。

議会経費についても、近隣中核市五市の平均を試算に用いていますが、議員の報酬や定数は自治体（五特別区）がそれぞれ条例で定めるものです。区割りすら決まっていない現状では致し方ない部分もありますが、試算の根拠として参考になるとも言えません。

また、議会経費では大阪市の現行経費を試算根拠として示していますが、各種行政委員会の委員報酬については提示がありません。あえて試算から外しているのだとすれば、他の試算との整合が取れていないということになります。

ほんとうにこれだけ？

なによりも問題であるのは、「イニシャルコスト」・「ランニングコスト」とも、あまりにも限定的にしか考えられていない、その一部しか示されていないことです。実際に自治体を運営していく際には、示された経費以外にも多くの費用がかかりますが、トータルの費用ではなく日常的な経費を断片的に提示し、「これしかかかりません」というのでは、はっきり言って詐欺のようなものです。市長は「大阪都構想に反対する人たちは木を見て森を見ていない」と言いますが、こうした手法は逆に「木だけを見せて森を見せない」とも言えるものです。

今後、法定協議会が開催されるごとに、事務局からは精査したコスト案が提示され、「当初案よりも○○億円下がった」という説明がなされることでしょう。しかし、その説明をうのみにはできません。「イニシャルコスト」がどれだけ下がろうと、「ランニングコスト」がどれだけ縮減されようと、それは「大阪市を解体して特別区を設置した場合」の話です。そうした説明の中で出てくる金額は、繰り返しになりますが、そもそも大阪市を解体しなければまったく必要のない金額なのです。

総じて、負担見積もりというものは少なく計算したくなるものですが、移行・稼働の初日から滞りなく住民サービスを提供するためには、この試算は粗々かつタイトに過ぎると思われます。

二　府市統合による効果とは

ここまでで明らかのように、今回の府市統合案＝大阪市解体案を子細に検討すれば、必ずしも統合しなければできないことはほとんどありません。むしろ、これだけ時間と手間をかけて議論の機会がもてるということがわかったのですから、〝府市合わせ〟などという言葉にごまかされることなく、大阪府民・大阪市民にとって何が大切なことか、今後も議論を重ねていくための契機とすることが、この制度設計案の、そしてこの法定協議会の、最大にして唯一の存在意義であると思います。

府市統合本部は「成長は広域行政・安心は基礎行政」というスローガンを掲げていますが、「成長」に関しては企業や法人向けの「規制緩和に関する意見徴収」が実施された程度であり、肝心の「安心」については、特別区が供給するサービスや期待されるサービスなどについて、住民を対象にヒアリングやアンケート等の調査を行ったという話は聞いたことがありません。府市統合の議論に出てくるのはサービス提供にかかる人件費削減の話ばかりであり、住民のほうを向いたポーズを取りながら、統合の掛け声だけでリストラを断行しようとしているだけに見えます。

特別区が設置されれば、住民向けサービスが区役所権限になることで享受できるサービスが増えるとされていますが、現時点で予想できるのは、特別区職員の業務量の増加と、提供されるサービスの廃止や質の低下ということくらいです。そしてそれは、大阪市が一体となって二四区に均等に行っていたものを、五つの区で差別化してしまう結果を招くことになるでしょう。

シンプルに考えてみましょう。現在大阪市が提供しているサービスと同等のものを特別区でも提供する。特別区は五区ある。つまりミニ大阪市が五つできるということになりますが、それで大阪市一つよりもコストが下がるなどということがあり得るでしょうか。独自施策や事業での差異はあるにせよ、「大阪市と同等のサービス」を五区それぞれが提供するのであれば、そのコストは【大阪市＝五特別区】ではなく【大阪市≦五特別区】と考えるのが通常であり、制度設計案は制度設計案でしかないのです。「府と統合した効果」「二四行政区から五特別区に集約した効果」もいくばくかは生じるでしょうが、第四章でも検証しているとおり、当面の財政運営すら危機的であることが懸念される状況で、制度設計案が示している「差し引きでプラスになり、その効果は持続し、さらには増加する」という見方はあまりに甘いと言わざるを得ません。

府市統合賛成派や事務局は「特別区を設置するための法定協議会である」「法定協議会で成案化するための制度設計案である」という説明を続けてきています。しかし、それであれば、なにをめざしなにがどう変わるのか、もっと住民にわかりやすく説明し、より精緻なデータを集め、時間をかけて協議をする必要があるのではないでしょうか。

物事を決める、物事を動かすには時間と手間がかかります。そうした努力の結果として、私たちの今日までの「自治」があるのであり、それは、どれだけ情報や経営・金融の技術が発展しようとも、決して省力化・単純化できないものなのです。短時間に、断片的で粗々のデータをもとに未来図を描けと言われても困難であり、発現するかどうかもわからない効果に漫然と期待するのは、自治ではなく博打というほかありません。

示された期日まであと一年と少しになりました。「将来のことを見据えて」と言いますが、みなさんには、制度設計案が提示する大阪都の将来は見えているでしょうか。

コラム８

大都市「都市内分権」に新たな道が

地方自治法改正で具体化へ

政府は、2013 年６月に出された第 30 次地方制度調査会答申を受けて、2014 年度の通常国会に地方自治法改正案を提出する予定です。

改正案の内容は、道府県と指定都市の「二重行政」解消のため、道府県から指定都市への権限移譲を進めるとともに、道府県と指定都市間で重複する事業の一本化などについて話し合う「調整会議」の設置を義務づけ、協議が不調に終わった場合には政府が仲裁することも盛り込まれています。また、「都市内分権」による住民自治の拡充策として、区役所が行う事務を条例で定めるとともに、行政区に代えて総合区を設け、議会の同意を得て選任される特別職の総合区長を置くことができるとし、さらには当該区出身の市議会議員による地域ごとの常任委員会を設置する、などとしています。

地方自治法が改正されると、1956 年に指定都市制度が発足して以来初の本格的な制度改革となりますが、地方自治法改正という通常の方法を通じて、指定都市制度を改革することで、都構想を実現することと同じ目的が達成されるという問題提起でもあります。

すでに政府は、2013 年末の閣議で、道府県が定めるとされてきた都市計画区域マスタープランや県費負担教職員の給与負担・関連権限など 29 事項について、道府県から指定都市に権限移譲する方針を決定しており、これに先立つ 11 月には、道府県と指定都市間でも、給与負担の移譲に伴う財政措置として、道府県から指定都市へ個人住民税所得割の２％を税源移譲することが合意されています。税源移譲の時期は 2017 年度の見通しですが、実現すれば、給与負担・関連権限は道府県、任命・人事権は指定都市と、長年にわたり「ねじれ」現象が続いてきた小中学校教職員の人事・給与の問題が、指定都市へ統合、一本化される形で決着をみることになります。

おわりに

橋下大阪市長（大阪維新の会代表）は、今年二月七日に辞表を出し、出直し市長選挙に立候補することを表明しました。選挙日程は三月九日告示、三月二三日投票です。大阪市政は二月から三月末にかけ、市長不在で、実質休止状況に入ることになります。予算編成案の作成ついで議会審議を直前にひかえた時期であり、大阪市政にとって、最悪のタイミングでの辞任劇ということになります。

仮に、橋下市長が再任され市長職に復帰したとして、手続上に何ら変化があるわけではなく、一月三一日の区割り案の絞り込みが不調に終わった時点に立ち返るだけのことです。新聞報道によれば、橋下氏は、大阪市の廃止・分割に反対する自民、民主、共産は、法定協議会の審議に「誠実に取り組んでいない」ので、法定協議会のメンバー差し替えを出直し選挙の争点にしたいと強調しているようですが、どれだけ訴求力があるか、筆者ならずとも首を傾げたくなります。いましばらくは、橋下劇場政治に惑わされることなく、冷静に事の成り行きを見極めるときでしょう。

＊

本書で、橋下市長・松井知事が提示した制度設計案は、現状の制度に対置し、仕上がりのイメージを示したレベルの〝生煮え〟の案に止まっている、と指摘しましたが、執筆を終えたいま、その思いはいっそう強いものがあります。

計画の大小を問わず、現に作動している制度をある特定の時点で変更する計画案であれば、当然、変更にともなうリスク、さらに移行のプロセスで起こるであろうリスクを予測し、それを最小限に抑える手立てを講じておくのが常識です。

ましてや二六〇万人の大阪市民のみならず府民全体の生活にかかわる政治・行政の制度構造を根底から、しかも短期間で一気に変えようということですから、リスクの確率はいちだんと高まってきます。したがって、その予防策の整備は絶対条件です。もし、設計案通りに事が運ばなかったときの損失は、大阪市民・府民に降りかかってくるわけですから、その対策は政治家として最低限のモラルでもあります。

誤解のないように述べておきますが、制度変更に伴うリスクを恐れて、反対しているわけではありません。問題は、変更の内容はもちろんのこと、変更の範囲、要する時間、必要な資源（人、モノ、金、情報）の質・量、影響の度合い等々を慎重に予測・調整しつつ事にあたるべき、と言っているのです。

＊

ところで橋下市長・維新の会は、大阪市廃止・分割は最終ゴールではなく、道州制をめざす一里塚といった趣旨のことを主張してきました。ここで道州制の是非論を論じるつもりはありませんが、もしそうだとしますと、今後、大阪府・市が統合され、旧大阪市の市域に複数の特別区が設けられたとして、その後、道州制に移行する際は、新大阪府は廃止されることになります。道州制とは府県同士の合併だからです。その場合に、旧大阪市域における自治制度をどのように組み立てなおすか、あらためて問われてきます。

特別区は、制度構造上、本書で述べてきたように、新大阪府と一体のものとして設計されているわけですから、特別区は新大阪府の廃止とともに同じ運命をたどり、廃止ということになるのでしょうか。二〇〇〇年分権改革で中心的役割を担った西尾勝氏は、橋下大阪市長・維新の会が、「大阪都」の実現から道州制への移行の道筋をどのように描いているのか「私にはよくわからない」と述べられています（西尾勝『自治・分権再考』ぎょうせい、一七七～一七八頁）。西尾氏のみならず私たちも同じ思いです。

膨大なエネルギーと時間、経費をかけ、しかもその行き着く先がよく見えない大阪都構想とは、一体何なのでしょうか。

＊

［コラム8］（九八頁）で記したように、第三〇次地方制度調査会の答申をふまえ、指定都市における住民自治の拡充に新たな道をひらくため、地方自治法の改正の動きがでてきました。議会同意を必要とする特別職の区長をおいて、現行の行政区を「総合区」に格上げするとともに、市

議会に区を単位とした常任委員会を設置するなどして、行政区の独自機能を高めようとする改正案です。

この改正案の全体をみれば、道府県からの指定都市への権限移譲をふくめ、二〇〇〇年の分権改革の理念となった「補完性原理」を活かした改正案のようです。この法案が成立すれば、大阪市を廃止・分割するという大げさな制度変更がなくとも、より住民生活に近いところから、大都市における住民自治拡充の取り組みが、地に足がついたかたちで可能になります。

もちろん、この地方自治法改正の趣旨を生かすには、行政区を単位とした計画行政の確立、予算編成の改革、さらに市役所内部の機構改革などが要請されてきます。さらに、市議会の運営のあり方や議員の思考行動にも改革が求められてきます。区・市の緊張関係のなかで、市全体の課題と生活現場から出てくるさまざまな問題をどのように調整・均衡させるか、議員の思考行動がきびしく問われるからです。しかし、議会・議員が変われば、おそらく住民参加の新たな回路が開かれ、そのプロセスのなかで、住民の自主・自治活動もより確かなものとして動きを早めるはずです。さらに、大阪市の職員も、この循環に組み入れられることで、職業人としての誇りを回復するきっかけが広がってきます。ぜひ、そうなることを願っています。

法定協議会に提示された制度設計案が、こうした循環の可能性を大きく阻む案であることを最後に確認しておきたいと思います。

＊

「大阪の自治を考える研究会」は、大阪都構想に関する情報・意見交流を目的に、二〇一〇年に立ち上げました。当初、政治的スローガンにすぎなかった大阪都構想は、大都市地域特別区法の成立をうけ、大阪市廃止・分割の法的根拠を得ることになりました。そこで私たち研究会は昨年、同法の成立をふまえ、ブックレット『いま、なぜ大阪市の消滅なのか』を出版しました。本書は、昨年の出版につぐ「続編」ということになります。

直近のマスコミの世論調査によれば、大阪市民で特別区の区割り案を「知っている」が三二％、六四％が「知らない」と報じています（二〇一四年二月一一日付「朝日新聞」）。本書が、大阪市廃止・分割の実態を知るための基礎情報として役に立つことを願っています。

なお、研究会は個人参加で、メンバーは市民や自治体職員、地方自治の研究者などで構成しています。

大阪の自治を考える研究会　代表　大矢野　修（龍谷大学政策学部教授）

地方自治ジャーナルブックレット No.63
大阪市廃止・特別区設置の制度設計案を批判する
いま、なぜ大阪市の消滅なのか　PART Ⅱ

2014 年 3 月 14 日　初版発行

編　著　　大阪の自治を考える研究会
発行人　　武内　英晴
発行所　　公人の友社
〒 112-0002　東京都文京区小石川５－２６－８
ＴＥＬ ０３－３８１１－５７０１
ＦＡＸ ０３－３８１１－５７９５
Ｅメール info@koujinnotomo.com
http://koujinnotomo.com/
印刷所　　倉敷印刷株式会社
ISBN978-4-87555-636-7

「官治・集権」から
「自治・分権」へ

市民・自治体職員・研究者のための

自治・分権テキスト

《出版図書目録 2014.3》

〒120-0002　東京都文京区小石川 5-26-8
TEL　03-3811-5701
FAX　03-3811-5795
mail　info@koujinnotomo.com

公人の友社

●ご注文はお近くの書店へ
　小社の本は、書店で取り寄せることができます。
●＊印は〈残部僅少〉です。品切れの場合はご容赦ください。
●直接注文の場合は
　電話・FAX・メールでお申し込み下さい。

TEL　03-3811-5701

FAX　03-3811-5795

mail　info@koujinnotomo.com

（送料は実費、価格は本体価格）

[地方自治ジャーナルブックレット]

No.1
水戸芸術館の実験
森啓　1,166円（品切れ）

No.2
政策課題研究研修マニュアル
首都圏政策研究・研修研究会
1,359円（品切れ）

No.3
使い捨ての熱帯雨林
熱帯雨林保護法律家リーグ
971円（品切れ）

No.4
自治体職員世直し志士論
童門冬二・村瀬誠　971円＊

No.5
行政と企業は文化支援で何ができるか
日本文化行政研究会　1,166円
（品切れ）

No.6
まちづくりの主人公は誰だ
浦野秀一　1,165円（品切れ）

No.7
パブリックアート入門
竹田直樹　1,166円（品切れ）

No.8
市民的公共性と自治
今井照　1,166円（品切れ）

No.9
ボランティアを始める前に
佐野章二　777円

No.10
自治体職員の能力
自治体職員能力研究会　971円

No.11
パブリックアートは幸せか
山岡義典　1,166円＊

No.12
市民が担う自治体公務
パートタイム公務員論研究会
1,359円

No.13
行政改革を考える
山梨学院大学行政研究センター
1,166円（品切れ）

No.14
上流文化圏からの挑戦
山梨学院大学行政研究センター
1,166円

No.15
市民自治と直接民主制
高寄昇三　951円

No.16
議会と議員立法
上田章・五十嵐敬喜 1,600円＊

No.17
分権段階の自治体と政策法務
山梨学院大学行政研究センター
1,456円

No.18
地方分権と補助金改革
高寄昇三　1,200円

No.19
分権化時代の広域行政
山梨学院大学行政研究センター
1,200円

No.20
あなたの町の学級編成と地方分権
田嶋義介　1,200円

No.21
自治体も倒産する
加藤良重　1,000円（品切れ）

No.22
ボランティア活動の進展と自治体の役割
山梨学院大学行政研究センター
1,200円

No.23
新版2時間で学べる「介護保険」
加藤良重　800円

No.24
男女平等社会の実現と自治体の役割
山梨学院大学行政研究センター
1,200円

No.25
市民がつくる東京の環境・公害条例
市民案をつくる会　1,000円

No.26
東京都の「外形標準課税」はなぜ正当なのか
青木宗明・神田誠司　1,000円

No.27
少子高齢化社会における福祉のあり方
山梨学院大学行政研究センター
1,200円

No.28
財政再建団体
橋本行史　1,000円（品切れ）

No.29
交付税の解体と再編成
高寄昇三　1,000円

No.30
町村議会の活性化
山梨学院大学行政研究センター
1,200円

No.31
地方分権と法定外税
外川伸一　800円

No.32
東京都銀行税判決と課税自主権
高寄昇三　1,200円

No.33
都市型社会と防衛論争
松下圭一　900円

No.34
中心市街地の活性化に向けて
山梨学院大学行政研究センター
1,200円

No.35
自治体企業会計導入の戦略
高寄昇三　1,100円

No.36
行政基本条例の理論と実際
神原勝・佐藤克廣・辻道雅宣
1,100円

No.37
市民文化と自治体文化戦略
松下圭一　800円

No.38
まちづくりの新たな潮流
山梨学院大学行政研究センター
1,200円

No.39
ディスカッション三重の改革
中村征之・大森弥　1,200円

No.40
政務調査費
宮沢昭夫　1,200円（品切れ）

No.41
市民自治の制度開発の課題
山梨学院大学行政研究センター　1,200円

No.42
《改訂版》自治体破たん・「夕張ショック」の本質
橋本行史　1,200円＊

No.43
分権改革と政治改革
西尾勝　1,200円

No.44
自治体人材育成の着眼点
浦野秀一・井澤壽美子・野田邦弘・西村浩・三関浩司・杉谷戸知也・坂口正治・田中富雄　1,200円

No.45
シンポジウム障害と人権
橋本宏子・森田明・湯浅和恵・池原毅和・青木九馬・澤静子・佐々木久美子　1,400円

No.46
地方財政健全化法で財政破綻は阻止できるか
高寄昇三　1,200円

No.47
地方政府と政策法務
加藤良重　1,200円

No.48
政策財務と地方政府
加藤良重　1,400円

No.49
政令指定都市がめざすもの
高寄昇三　1,400円

No.50
良心的裁判員拒否と責任ある参加
市民社会の中の裁判員制度
大城　聡　1,000円

No.51
討議する議会
自治体議会学の構築をめざして
江藤俊昭　1,200円

No.52
【増補版】大阪都構想と橋下政治の検証
府県集権主義への批判
高寄昇三　1,200円

No.53
虚構・大阪都構想への反論
橋下ポピュリズムと都市主権の対決
高寄昇三　1,200円

No.54
大阪市存続・大阪都粉砕の戦略
地方政治とポピュリズム
高寄昇三　1,200円

No.55
「大阪都構想」を越えて
問われる日本の民主主義と地方自治
（社）大阪自治体問題研究所　1,200円

No.56
翼賛議会型政治・地方民主主義への脅威
地域政党と地方マニフェスト
高寄昇三　1,200円

No.57
なぜ自治体職員にきびしい法遵守が求められるのか
加藤良重　1,200円

No.58
東京都区制度の歴史と課題
都区制度問題の考え方
著：栗原利美、編：米倉克良　1,400円

No.59
七ヶ浜町（宮城県）で考える
「震災復興計画」と住民自治
編著：自治体学会東北 YP　1,400円

No.60
市民が取り組んだ条例づくり
市長・職員・市議会とともにつくった所沢市自治基本条例
編著：所沢市自治基本条例を育てる会　1,400円

No.61
いま、なぜ大阪市の消滅なのか
「大都市地域特別区法」の成立と今後の課題
編著：大阪自治を考える会　800円

No.62
地方公務員給与は高いのか
非正規職員の正規化をめざして
著：高寄昇三・山本正憲　1,200円

No.63
大阪市廃止・特別区設置の制度設計案を批判する
いま、なぜ大阪市の消滅なのか Part2
編著：大阪自治を考える会　900円

［福島大学ブックレット「21世紀の市民講座」］

No.1
外国人労働者と地域社会の未来
著：桑原靖夫・香川孝三、編：坂本惠　900円

No.2
自治体政策研究ノート
今井照　900円

No.3
住民による「まちづくり」の作法
今西一男　1,000円

No.4
格差・貧困社会における市民の権利擁護
金子勝　900円

No.5
法学の考え方・学び方
イェーリングにおける「秤」と「剣」
富田哲　900円

No.6
今なぜ権利擁護か
ネットワークの重要性
高野範城・新村繁文　1,000円

No.7
小規模自治体の可能性を探る
保母武彦・菅野典雄・佐藤力・竹内是俊・松野光伸　1,000円

No.8
小規模自治体の生きる道
連合自治の構築をめざして
神原勝　900円

No.9
文化資産としての美術館利用
地域の教育・文化的生活に資する方法研究と実践
辻みどり・田村奈保子・真歩仁しょうん　900円

No.10
フクシマで"日本国憲法〈前文〉"を読む
家族で語ろう憲法のこと
金井光生 1,000円

【地方自治土曜講座ブックレット】

No.1
現代自治の条件と課題
神原勝 800円*

No.2
自治体の政策研究
森啓 500円*

No.3
現代政治と地方分権
山口二郎 500円*

No.4
行政手続と市民参加
畠山武道 500円*

No.5
成熟型社会の地方自治像
間島正秀 500円*

No.6
自治体法務とは何か
木佐茂男 500円*

No.7
自治と参加 アメリカの事例から
佐藤克廣 500円*

No.8
政策開発の現場から
小林勝彦・大石和也・川村喜芳 800円*

No.9
まちづくり・国づくり
五十嵐広三・西尾六七 500円*

No.10
自治体デモクラシーと政策形成
山口二郎 500円*

No.11
自治体理論とは何か
森啓 500円*

No.12
池田サマーセミナーから
間島正秀・福士明・田口晃 500円*

No.13
憲法と地方自治
中村睦男・佐藤克廣 500円（品切れ）

No.14
まちづくりの現場から
斉藤外一・宮嶋望 500円*

No.15
環境問題と当事者
畠山武道・相内俊一 500円*

No.16
情報化時代とまちづくり
千葉純・笹谷幸一 600円（品切れ）

No.17
市民自治の制度開発
神原勝 500円*

No.18
行政の文化化
森啓 600円*

No.19
政策法務と条例
阿部泰隆 600円*

No.20
政策法務と自治体
岡田行雄 600円（品切れ）

No.21
分権時代の自治体経営
北良治・佐藤克廣・大久保尚孝 600円*

No.22
地方分権推進委員会勧告とこれからの地方自治
西尾勝 500円*

No.23
産業廃棄物と法
畠山武道 600円*

No.24
自治体計画の理論と手法
神原 勝 600円（品切れ）

No.25
自治体の施策原価と事業別予算
小口進一 600円*

No.26
地方分権と地方財政
横山純一 600円（品切れ）

No.27
比較してみる地方自治
田口晃・山口二郎 600円*

No.28
議会改革とまちづくり
森啓 400円（品切れ）

No.29
自治体の課題とこれから
逢坂誠二 400円*

No.30
内発的発展による地域産業の振興
保母武彦 600円（品切れ）

No.31
地域の産業をどう育てるか
金井一頼 600円*

No.32
金融改革と地方自治体
宮脇淳 600円*

No.33
ローカルデモクラシーの統治能力
山口二郎 400円*

No.34
政策立案過程への戦略計画手法の導入
佐藤克廣 500円*

No.35
「変革の時」の自治を考える
神原昭子・磯田憲一・大和田健太郎 600円*

No.36
地方自治のシステム改革
辻山幸宣 400円（品切れ）

No.37
分権時代の政策法務
礒崎初仁 600円*

No.38
地方分権と法解釈の自治
兼子仁 400円*

No.39
「近代」の構造転換と新しい「市民社会」への展望
今井弘道 500円*

No.40
自治基本条例への展望
辻道雅宣 400円*

No.41
少子高齢社会の自治体の福祉法務
加藤良重 400円*

No.42
改革の主体は現場にあり
山田孝夫 900円

No.43
自治と分権の政治学
鳴海正泰 1,100円

No.44
公共政策と住民参加
宮本憲一 1,100円*

No.45
農業を基軸としたまちづくり
小林康雄 800円

No.46
これからの北海道農業とまちづくり
篠田久雄 800円

No.47
自治の中に自治を求めて
佐藤守 1,000円

No.48
介護保険は何をかえるのか
池田省三 1,100円

No.49
介護保険と広域連合
大西幸雄 1,000円

No.50
自治体職員の政策水準
森啓 1,100円

No.51
分権型社会と条例づくり
篠原一 1,000円

No.52
自治体における政策評価の課題
佐藤克廣 1,000円

No.53
小さな町の議員と自治体
室埼正之 900円

No.55
改正地方自治法とアカウンタビリティ
鈴木庸夫 1,200円

No.56
財政運営と公会計制度
宮脇淳 1,100円

No.57
自治体職員の意識改革を如何にして進めるか
林嘉男 1,000円

No.59
環境自治体とISO
畠山武道 700円

No.60
転型期自治体の発想と手法
松下圭一 900円

No.61
分権の可能性
スコットランドと北海道
山口二郎 600円

No.62
機能重視型政策の分析過程と財務情報
宮脇淳 800円

No.63
自治体の広域連携
佐藤克廣 900円

No.64
分権時代における地域経営
見野全 700円

No.65
町村合併は住民自治の区域の変更である
森啓 800円

No.66
自治体学のすすめ
田村明 900円

No.67
市民・行政・議会のパートナシップを目指して
松山哲男 700円

No.69
新地方自治法と自治体の自立
井川博 900円

No.70
分権型社会の地方財政
神野直彦 1,000円

No.71
自然と共生した町づくり
宮崎県・綾町
森山喜代香 700円

No.72
情報共有と自治体改革
片山健也 1,000円

No.73
地域民主主義の活性化と自治体改革
山口二郎 900円

No.74
分権は市民への権限委譲
上原公子 1,000円

No.75
今、なぜ合併か
瀬戸亀男 800円

No.76
市町村合併をめぐる状況分析
小西砂千夫 800円

No.78
ポスト公共事業社会と自治体政策
五十嵐敬喜 800円

No.80
自治体人事政策の改革
森啓 800円

No.82
地域通貨と地域自治
西部忠 900円（品切れ）

No.83
北海道経済の戦略と戦術
宮脇淳 800円

No.84
地域おこしを考える視点
矢作弘 700円

No.87
北海道行政基本条例論
神原勝 1,100円

No.90
「協働」の思想と体制
森啓 800円＊

No.91
協働のまちづくり
三鷹市の様々な取組みから
秋元政三 700円＊

No.92
シビル・ミニマム再考
松下圭一 900円

No.93
市町村合併の財政論
高木健二 800円＊

No.95
市町村行政改革の方向性
佐藤克廣 800円

No.96
創造都市と日本社会の再生
佐々木雅幸 900円

No.97
地方政治の活性化と地域政策
山口二郎 800円

No.98
多治見市の総合計画に基づく政策実行
西寺雅也 800円

No.99
自治体の政策形成力
森啓 700円

No.100
自治体再構築の市民戦略
松下圭一　900円

No.101
維持可能な社会と自治体
宮本憲一　900円

No.102
道州制の論点と北海道
佐藤克廣　1,000円

No.103
自治基本条例の理論と方法
神原勝　1,100円

No.104
働き方で地域を変える
山田眞知子　800円（品切れ）

No.107
公共をめぐる攻防
樽見弘紀　600円

No.108
三位一体改革と自治体財政
岡本全勝・山本邦彦・北良治・逢坂誠二・川村喜芳　1,000円

No.109
連合自治の可能性を求めて
松岡市郎・堀則文・三本英司・佐藤克廣・砂川敏文・北良治他　1,000円

No.110
「市町村合併」の次は「道州制」か
森啓　900円

No.111
コミュニティビジネスと建設帰農
松本懿・佐藤吉彦・橋場利夫・山北博明・飯野政一・神原勝　1,000円

No.112
「小さな政府」論とはなにか
牧野富夫　700円

No.113
栗山町発・議会基本条例
橋場利勝・神原勝　1,200円

No.114
北海道の先進事例に学ぶ
宮谷内留雄・安斎保・見野全・佐藤克廣・神原勝　1,000円

No.115
地方分権改革の道筋
西尾勝　1,200円

No.116
転換期における日本社会の可能性～維持可能な内発的発展
宮本憲一　1,100円

［TAJIMI CITY ブックレット］

No.2
転型期の自治体計画づくり
松下圭一　1,000円

No.3
これからの行政活動と財政
西尾勝　1,000円（品切れ）

No.4
構造改革時代の手続的公正と第二次分権改革
鈴木庸夫　1,000円

No.5
自治基本条例はなぜ必要か
辻山幸宣　1,000円

No.6
自治のかたち、法務のすがた
天野巡一　1,100円

No.7
自治体再構築における行政組織と職員の将来像
今井照　1,100円（品切れ）

No.8
持続可能な地域社会のデザイン
植田和弘　1,000円

No.9
「政策財務」の考え方
加藤良重　1,000円

No.10
市場化テストをいかに導入するべきか
竹下譲　1,000円

No.11
市場と向き合う自治体
小西砂千夫・稲澤克祐　1,000円

［北海道自治研ブックレット］

No.1
市民・自治体・政治
再論・人間型としての市民
松下圭一　1,200円

No.2
議会基本条例の展開
その後の栗山町議会を検証する
橋場利勝・中尾修・神原勝　1,200円

No.3
福島町の議会改革
議会基本条例＝開かれた議会づくりの集大成
溝部幸基・石堂一志・中尾修・神原勝　1,200円

［地域ガバナンスシステム・シリーズ］
（龍谷大学地域人材・公共政策開発システム・オープン・リサーチセンター（LORC）…企画・編集）

No.1
地域人材を育てる自治体研修改革
土山希美枝　900円

No.2
公共政策教育と認証評価システム
坂本勝　1,100円

No.3
暮らしに根ざした心地よいまち
1,100円

No.4
持続可能な都市自治体づくりのためのガイドブック
1,100円

No.5
英国における地域戦略パートナーシップ
編：白石克孝、監訳：的場信敬　900円

No.6
マーケットと地域をつなぐパートナーシップ
編：白石克孝、著：園田正彦　1,000円

No.7
政府・地方自治体と市民社会の戦略的連携
的場信敬　1,000円

No.8
多治見モデル
大矢野修　1,400円

No.9
市民と自治体の協働研修ハンドブック
土山希美枝　1,600円

No.10
行政学修士教育と人材育成
坂本勝　1,100円

No.11
アメリカ公共政策大学院の認証評価システムと評価基準
早田幸政　1,200円

No.12
イギリスの資格履修制度
資格を通しての公共人材育成
小山善彦　1,000円

No.14
炭を使った農業と地域社会の再生
市民が参加する地球温暖化対策
井上芳恵　1,400円

No.15
対話と議論で〈つなぎ・ひきだす〉ファシリテート能力育成ハンドブック
土山希美枝・村田和代・深尾昌峰　1,200円

No.16
「質問力」からはじめる自治体議会改革
土山希美枝　1,100円

［生存科学シリーズ］

No.2
再生可能エネルギーで地域がかがやく
秋澤淳・長坂研・小林久　1,100円

No.3
小水力発電を地域の力で
小林久・戸川裕昭・堀尾正靭　1,200円＊

No.4
地域の生存と社会的企業
柏雅之・白石克孝・重藤さわ子　1,200円

No.5
地域の生存と農業知財
澁澤栄・福井隆・正林真之　1,000円

No.6
風の人・土の人
千賀裕太郎・白石克孝・柏雅之・福井隆・飯島博・曽根原久司・関原剛　1,400円

No.7
地域からエネルギーを引き出せ！ PEGASUS ハンドブック
（環境エネルギー設計ツール）
監修：堀尾正靭・白石克孝、著：重藤さわ子・定松功・土山希美枝　1,400円

No.8
地域分散エネルギーと「地域主体」の形成
風・水・光エネルギー時代の主役を作る－
編：小林久・堀尾正靭、著：独立行政法人科学技術振興機構 社会技術研究開発センター「地域に根ざした脱温暖化・環境共生社会」研究開発領域 地域分散電源等導入タスクフォース　1,400円

No.9
省エネルギーを話し合う実践プラン46
エネルギーを使う・創る・選ぶ
編著：中村洋・安達昇
編者著：独立行政法人科学技術振興機構 社会技術研究開発センター「地域に根ざした脱温暖化・環境共生社会」研究開発領域　1,500円

［都市政策フォーラムブックレット］

No.1
「新しい公共」と新たな支え合いの創造へ
渡辺幸子・首都大学東京　都市教養学部都市政策コース　900円
（品切れ）

No.2
景観形成とまちづくり
首都大学東京　都市教養学部都市政策コース　1,000円

No.3
都市の活性化とまちづくり
首都大学東京　都市教養学部都市政策コース　1,100円

［京都府立大学
京都政策研究センターブックレット］

No.1
地域貢献としての「大学発シンクタンク」
京都政策研究センター（KPI）の挑戦
編著 青山公三・小沢修司・杉岡秀紀・藤沢実
1,000円

No.2
もうひとつの「自治体行革」
住民満足度向上へつなげる
編著 青山公三・小沢修司・杉岡秀紀・藤沢実
1,000円

［朝日カルチャーセンター
地方自治講座ブックレット］

No.1
自治体経営と政策評価
山本清　1,000円

No.2
ガバメント・ガバナンスと行政評価
星野芳昭　1,000円（品切れ）

No.4
「政策法務」は地方自治の柱づくり
辻山幸宣　1,000円

No.5
政策法務がゆく
北村喜宣　1,000円

［政策・法務基礎シリーズ］

No.1
自治立法の基礎
東京都市町村職員研修所　600円
（品切れ）

No.2
政策法務の基礎
東京都市町村職員研修所　952円

［シリーズ］

［自治体〈危機〉叢書］

2000年分権改革と自治体危機
松下 圭一 1,500円

自治体連携と受援力
～もう国に依存できない
神谷 秀之・桜井 誠一 1,600円

自治体財政破綻の危機・管理
加藤 良重 1,400円

住民監査請求制度の危機と課題
田中孝男 1,500円

政府財政支援と被災自治体財政
高寄昇三 1,600円

政策転換への新シナリオ
小口 進一 1,500円

［地方財政史］
高寄昇三著 各5,000円

大正地方財政史・上巻
大正デモクラシーと地方財政

大正地方財政史・下巻
政党化と地域経営
都市計画と震災復興

昭和地方財政史・第一巻
地域格差と両税委譲
分与税と財政調整

昭和地方財政史・第二巻
補助金の成熟と変貌
匡救事業と戦時財政

昭和地方財政史・第三巻
府県財政と国庫支援
地域救済と府県自治

［私たちの世界遺産］

No.1
持続可能な美しい地域づくり
五十嵐敬喜他 1,905円

No.2
地域価値の普遍性とは
五十嵐敬喜・西村幸夫 1,800円

No.3
世界遺産登録・最新事情
長崎・南アルプス
五十嵐敬喜・西村幸夫 1,800円

No.4
新しい世界遺産の登場
南アルプス［自然遺産］ 九州・山口［近代化遺産］
五十嵐敬喜・西村幸夫・岩槻邦男・松浦晃一郎 2,000円

〔別冊〕No.1
ユネスコ憲章と平泉・中尊寺供養願文
五十嵐敬喜・佐藤弘弥 1,200円

〔別冊〕No.2
平泉から鎌倉へ
鎌倉は世界遺産になれるか?!
五十嵐敬喜・佐藤弘弥 1,800円

［単行本］

フィンランドを世界一に導いた100の社会改革
編著 イルカ・タイパレ
訳 山田眞知子 2,800円

公共経営学入門
編著 ボーベル・ラフラー
訳 みえガバナンス研究会
監修 稲澤克祐、紀平美智子
2,500円

変えよう地方議会
～3・11後の自治に向けて
編著 河北新報社編集局
2,000円

自治体職員研修の法構造
田中孝男 2,800円

自治基本条例は活きているか?!
～ニセコ町まちづくり基本条例の10年
編 木佐茂男・片山健也・名塚昭
2,000円

国立景観訴訟
～自治が裁かれる
編著 五十嵐敬喜・上原公子 2,800円

成熟と洗練
～日本再構築ノート
松下圭一 2,500円

地方自治制度「再編論議」の深層
監修 木佐茂男
著 青山彰久・国分高史一 1,500円

韓国における地方分権改革の分析～弱い大統領と地域主義の政治経済学
尹誠國 1,400円

自治体国際政策論
～自治体国際事務の理論と実践
楠本利夫 1,400円

自治体職員の「専門性」概念
～可視化による能力開発への展開
林奈生子 3,500円

アニメの像VS.アートプロジェクト～まちとアートの関係史
竹田直樹 1,600円

NPOと行政の《協働》活動における「成果要因」
～成果へのプロセスをいかにマネジメントするか
矢代隆嗣 3,500円